日本国憲法の力

THE POWER OF THE CONSTITUTION OF JAPAN

杉原泰雄　吉田善明　笹川紀勝　編著

三省堂

はじめに

私たちは、安倍政権の憲法軽視（解釈改憲・明文改憲）の姿勢に疑問を感じ、ここ数年月一度の割合で憲法問題研究会を開いて学習し協議してきました。そしてこの度協力して下さる研究者の方々を交えて市民（高校生、大学生、社会人、年金生活者等）向けの憲法学習のテキストを作成しました。かって「憲法問題研究会」という名称の会がありました。この会は、政府が１９５７年憲法調査会を設けて憲法改正問題の検討を始めたことに危機感を抱いた憲法学・政治学・隣接科学の研究者が、日本国憲法のもつ平和と自由の原理を明らかにしてそれを幅広い国民に伝えようとしました。

その研究者たちには次のような共通認識がありました。

「おびただしい貴重な人命の喪失と、惨憺たる焼土を犠牲として生れ出たこの憲法が、平和、民主、人権の三原理を掲げたとき、敗戦後の虚脱状態にあった国民は、この憲法をもって新生日本の基礎とすることに、新しい感激と覚悟を抱いたことも事実であります。」

それでは今日どうでしょうか。たしかに憲法を改正しようとする政治勢力が自民党の結党以来影響を与え続けていてそれが安倍政権の強い働きかけの背景にあることは事実です。しかし、ひとり一人の市民にお考えいただきたい。自民党は憲法第９条の改正の政策を１本にまとめ切れていません。それなのにあたかも国民みんなの意向であるかのように強引に憲法を改正しようとしています。与党の公明党も憲法改正に前のめりではありませんか。この現実をみますと、安倍政権になんらかの距離を置いている人々が相当にいることはたしかです。むしろ日本国憲法の平和と自由に支えられているまたそれらを支えている人々も負けず劣らず相当にいると思います。

私たちは、憲法によって人々の生活の諸方面が実際支えられているまたそれを支えていることをいっそう明らかにしなければなりません。先達の憲法問題研究会の指摘した日本国憲法の三原理を擁護する護憲の立場を継承し発展させることを願いました。

テキストを作成するうえで、三原理をわかりやすく四つの領域に区分けして、課題を次のようにしました。第1の課題は私たち「国民が国をつくる」ことです。他の誰でもなく私たち国民が力を出し合って国をつくり維持する以外に国は立ち行きません。そこで5本の論文を用意しました。第2の課題は「平和に生きる」ことです。憲法改正をねらう人々からもっとも攻撃されているところです。しかし戦争を放棄し近隣諸国と友好関係を保つ憲法の平和主義は植民地支配と太平洋戦争によって多くの人々（日本国民・東北アジア西太平洋の諸国民）のとんでもない犠牲にあがなわれた結果です。これを忘れることはできません。また忘れてはなりません。そこで4本の論文を用意しました。第3の課題は「幸福を追求する」ことです。人格を持つ個人の尊重を徹底して貫ける国をつくらなければなりません。２０１２年の自民党憲法改正草案には現実生活に密着して取り上げればたくさんの人権保障上の問題があります。例えば、戦前天皇の戦争に命をかけるように求めた教育勅語を唱える教育を安倍首相夫妻が支援しているのは恐ろしくはありませんか。そこで6本の論文を用意しました。そして、第4の課題は「改憲論に抗する」ことです。この課題は、私たちの研究会の姿勢を示します。そこで2本の論文を用意しました。

市民の皆さんは、個人として、あるいはグループで、世代を超えて、大きな政治の力に負けずに勇気をもって考えていただきたいと思います。

なお、私たちの憲法問題研究会は次のようなメンバーで構成されています。会長は杉原泰雄・吉田善明、事務局長は笹川紀勝、事務局員は稲正樹・柏﨑敏義・中村安菜・芹沢斉・清野幾久子（アルファベット順）。
最後に、きびしい出版事情の中で、私たちの出版に応じてくださった三省堂・黒田也靖氏のご協力に感謝します。

2019年3月　研究会の話し合いをまとめて

笹川　紀勝

目次

Ⅰ 国民が国をつくる

Ⅱ 平和に生きる

Ⅲ　幸福を追求する

Ⅳ　改憲論に抗して

装丁＝米倉八潮
組版＝木精舎

I　国民が国をつくる

第I部【国民が国をつくる】は国を動かす仕組みを取り扱います。笹川紀勝「象徴天皇制と国民主権」は、メディアによると新旧天皇の人柄の良さにすべての国民が引きつけられ、ひいては新元号に沸き立っているとされますが、そうではなく憲法に基づいて冷静に天皇制の必要性を考えてみようとします。その際の原理が国民主権であり、只野雅人「国民主権と国民投票」は国民投票を通じて国民の意思表示の意味を考えます。

もうひとつ重要なのが議会制ですが、松田浩「議会制と選挙制度」は現政権による国会軽視をあぶり出します。国を動かすには予算が必要ですが、柏﨑敏義「国家予算と防衛費」は防衛費のＧＤＰ１％枠のからくりを暴きます。最後に、根森健「日本国憲法の『地方自治』保障と『真の地方分権型社会の実現』」は軽視されてきた地方自治から脱却し真の地方分権型社会を目指して地方自治基本法を提言します。

（柏﨑敏義）

象徴天皇制と国民主権

国際基督教大学名誉教授
笹川紀勝

憲法史における象徴天皇制

1　議論の出発点

日本国憲法が公布されたとき、なぜ昭和天皇は象徴天皇の地位につくことが出来たのでしょうか。

日本国憲法第1条は象徴天皇制を定めていますが、たしかにその選任・就任の手続を定めていませんから、昭和天皇が象徴天皇になった理由は説明が出来ません。そうしますと、日本国憲法の象徴天皇制の前提には明治憲法の天皇制が事実として前提されていたといわざるを得ません。そのために、二つの憲法の組織原理の違いに応じて新憲法第1条は運用されるはずでありながら、その運用に明治憲法が事実として影を落とすでしょう。

2　憲法史における大西洋憲章

アメリカ合衆国国務省内でのポツダム宣言の原案には「現皇統のもとにおける立憲君主制を含みうる」とありました。しかし、国内の批判的な空気を考慮して原案が修正され、「日本国国民の自由に表明せる意思」により政府が樹立されるというポツダム宣言第12項が生れました。

日本政府は1945年8月10日天皇の統治大権の変更の要求を包含していないという了解の下にポツダム宣言を受諾するとアメリカに申し入れ、回答に次の項目がありました。

「最終的の日本国の政府の形態は『ポツダム』宣言に遵ひ日本国国民の自由に表明する意思により決定せらるべきものとす」。

政府は、「敵側としては本問題については内政干渉の意図無く国民の自由意思に委すべし」と解釈します。東郷茂徳外相は戦後（1945・9）コメントします。

「国民の自由意思によりて政府の形態を決定するの考方は大西洋憲章にも記載せられポツダム宣言も同様の趣旨に出て居るものなり、即ち日本の国体は日本人自身が決定すべき問題であって外部よりこれに干渉するものに非ずという意味に解すべきである」。

以上によれば、ポツダム宣言第12項の「国民の自由に表明せる意思」に基づく政府樹立は、1941年のローズヴェルトとチャーチルの宣言した大西洋憲章の政体選択の自由に由来していることが分かります。国民の意思を決定するのは政府でした。内政不干渉であればアメリカは日本の国民の自由意思の決定方法を強制できないからです。

ところで、回答をめぐって日本政府内に対立する方向が現れました。阿南惟幾陸相を中心とする軍部は受諾を拒否し、東郷外相を中心とする側は「国民の自由意思が天皇制護持にある事はあまりに明白」として受諾します。意見がまとまらないために、1945年8月14日天皇の聖断によって受諾が決定され、8月15日に終戦となりました。したがって、大西洋憲章は、日本にポツダム宣言を受諾させる誘導的な働きをして天皇制の護持を正当化し、降伏に到らせるのに役立ったと評価できますから、大西洋憲章から天皇制をみることは適切ではないかと私は考えるようになりました。

3　憲法改正における国民主権の登場

1945年12月28日モスクワ外相会議で極東委員会と対日理事会の設置が決まりました。極東委員会の発足はアメリカを緊張させたらしく、アメリカはマッカーサーにただちに指令しました（1946・1・7）。

「日本における最終的な政治形態は、日本国民が自由に表明した意思によって決定されるべきではあるが、天皇制を現在の形態で維持することは〔統治体制改革のための〕一般的な目的に合致しない。」

アメリカが天皇制の「現在の形態」を維持できないと判断したことによって、天皇制に関して日本国国民の自由に表明せる意思と政体選択の自由は両立するという考えで終戦を乗り切った日本政府は以後揺さぶられます。

1946年2月1日毎日新聞の松本憲法試案のスクープが人々を驚かせました。折しもGHQのホイットニーは、極東委員会が憲法問題で決定するまでは総司令官の権限が最高である、および、松本試案は天皇の地位を実質変更しないから彼らに「方向を与える」ことが賢明であるとマッカーサーに助言します。また、ＧＨＱ民政局の会合でホイットニーは「新しい憲法を起草するに当たっては、主権を完全に国民の手に与えるということを強調すべきである。天皇の役割は、社交的君主の役割のみとさるべきである」といいました（１９４６・２・４）。

そうしますと、国民主権が新憲法の構成原理として登場するのは2月4日です。この日を境に日本国国民の自由に表明せる意思とは主権者である国民の意思であることが顕在化されます。

4　ポツダム宣言第12項の「国民」とは誰か

(1)　政府の憲法改正草案まで――天皇の発議か憲法の適正な運用か

内大臣近衛文麿はマッカーサーから憲法改正の示唆があったと受け止め、天皇の発議を前提に明治憲法の改正にとりかかりました。しかし、宮沢俊義は、明治憲法の改正を問題とすべきでなく、「人民が直接間接に国政に参与」することを妨げていた障害を取り除くことがポツダム宣言の求める日本の民主化のためにすべきことであると批判します。美濃部達吉も同様に述べます。ところが佐々木惣一は内大臣府を擁護します。

天皇制を前提とする時代の空気を映すように、『世界』創刊号（１９４６・１）において「発刊の辞」は、連合国の指令する民主主義の趣旨は明治維新の五箇条の誓文に現れているといいます。安倍能成は「アメリカそのまゝの民主主義の模倣的再現を試みる積りのないことは、アメリカ人自身の夙（つと）に言明せる所である」といい、美濃部もポツダム宣言は君主制の下における民主主義をいうのであって国民主権を意味しないといいます。

(2)　政府の憲法改正草案ではどうか――国民主権

宮沢は、１９４６年3月6日に発表された政府の憲法改正草案前文はリンカンの言葉を「そっくりそのまま自らのものとし、日本の政治は『人民の、人民による、人民のための政治』であるべきだとしてゐる」といいます。彼は「8月革命によって日本の政治の根本精神は神権主義から国民主権主義に変わった」、「終戦によって、つまりひとつの革命が行われた」といいます（宮沢・世界文化１９４６・５）。

そこで、宮沢は憲法改正案審議に際し国務大臣金森徳次郎に、ポツダム宣言の受諾は国民主権主義の承認を意味すると信じるがどうかと質問しました。金森は「当然に国民主権と云ふことになるとの論決は得ませぬ」と答えました。したがって、国民主権はポツダム宣言の受諾に際し要求されていたという意見とそうでないという意見があったことが分かります（横田喜三郎・国際法外交雑誌45・1－2）。しかし、憲法改正案は国民主権をとっているという理解では宮沢・金森は一致します。問題は国民主権の理解の中身にあります。

戦後も美濃部が日本国家の「歴史的倫理的特質」としての天皇に終生変らない敬愛の念を持ち君主制を肯定しながら、彼が天皇は国民に含まれるという意見を否定したことは重要です。なぜなら、その否定は、金森が議員らに「国家意思の現実的源泉……は、天皇を含めたる国民全体にあり」と答弁したことへの批判だからです。美濃部は京都夕刊紙への回答（1946・9・22）で次のようにいいます。

「主権が国民に属することを認むるものは即ち主権が君主に属することを否定する趣旨にほかならぬ。随って主権が天皇をも含む国民に属すといふやうなことを謂ふのは全く無意味である。若し天皇が国民の中に含まれるとすればそれは最早天皇ではなくして一般国民と平等の地位に在る一個人に過ぎない」。「改正憲法草案は従来の憲法に於ける君主主権主義を根本的に変革して国民主権主義を国家組織の根柢と為さんとする」。

こうして美濃部は、国民主権が天皇制に対してその内容を貫徹してやまない性質を持つ憲法論を示します。したがって、憲法研究会メンバーである横田喜三郎・鈴木安蔵・鵜飼信成が共通な命題のように共著『新憲法と主権』の巻頭に美濃部の京都夕刊紙への回答を載せた意図が分かります。そして、鵜飼は、美濃部の中には信じる者にのみ有効な歴史的倫理的特質を持つ天皇観があることを認識しつつ、その観念は日本国憲法の制定によって消滅したと主張し、平等原則に立つ共和制を主張します（鵜飼・新憲法と主権、憲法）。

① 国民主権の国民とは「国籍」保持者の意味ではなく、「歴史的に国民として自己を意識する様になった人々の一体」である。この意識は特権的支配階級に対立して生まれた。だから「国民に対立した一切の要素が、国民の内に包含されて一体となると解される様になる為めには、それはそのすべての特権を捨てて、国民の一員と化することによっての外にはない。それは、天皇、貴族、軍閥、官僚、財閥の何れの場合でも同様である。」

② 国民主権を明瞭にするには人民の言葉の方がいい。「Peopleの訳語としても人民の訳が従来の慣用語」である。国民とは人民である。国民主権は「ポツダム宣言が明白に宣言した」ように、憲法制定も法律制定も、公務員の任免も裁判行政も「盡く国民の手に在る」ことをいう。

国民主権論の核心を突く論点を美濃部は提起し、鵜飼たちは美濃部をフォローしました。しかし、家永三郎は美濃部の中に、「正義の規範力」による立憲主義的解釈を強調する側面と明治憲法の枠内だけでものを考える思考様式の「習い性と化した」側面があるといいます（家永・美濃部達吉）。この厳しい指摘はそうでしょう。しかし、美濃部を祖述するのではなく、ジグザグな美濃部の思想の中からあるべき憲法論をつかみ取った鵜飼らの美濃部理解の方法は今も参考にならないでしょうか。

(3) 主権の転換をあいまいにする見方

次に、鵜飼らの主権論と違う見方を見ましょう。

佐々木は、ポツダム宣言受諾の申し入れに対する回答は「日本国人自身」が天皇を含む政治形態を確立すべきである、「連合国側の意思で彼是（かれこれ）指揮すべきでない」といいます。しかも、ポツダム宣言が要求した復活強化でいうデモクラシーは、「社会生活体制において皆が主となる共主主義」をいうので、国家の意思力たる国権の源泉が何人にあるかの話しとは関係ない、ポツダム宣言第12項の国民とは「日本の国人」（Japanese people）であって、「天皇に対するものとして国民をいうのではない」といいます（佐々木・日本国憲法論）。

鵜飼は、西欧で「国民主権を確立した歴史的過程」のpeopleとは「絶対君主への対立物」であると批判します（鵜飼・季刊法律学8）。しかし佐々木は鵜飼に反論します。この反論で重要なことは、佐々木がポツダム宣言のpeopleは「日本国人〔の〕総体」である（佐々木・法学論叢57—2）といっていることです。そうしますと、金森は憲法改正案の国民主権の国民を「天皇を含めた国民全体」と解しその国民が主権を有するといいますから、佐々木は金森と似ています。そういえるなら、佐々木と金森は国民が自らの意思を表明できない大西洋憲章の政体選択の自由の思想の影響を受けています。対照的に、美濃部は、ポツダム宣言に基づいて主権を有した「国民の代表者たる議会」が「革命的行為」として憲法を制定したといいます（美濃部・新憲法の基本原理）。したがって、国民主権の理解に関し、主権者国民が意思を表明できるかどうかが争点のようです。

まとめ

戦後共産党が人民主権、高野岩三郎らの憲法研究会が国民主権をいうのは例外です。GHQが憲法草案で国民主権をいった後で、しかも8・15から半年後に「一種のタブー」が外れて（鵜飼・新憲法と主権）、宮沢・美濃部でさえ国民主権を主張できたのです。また、「天皇と一体化したような国民」を考えていた丸山眞男は、自分にとって「天皇制を否定するということは大変なことだった」が、敗戦から「迷いに迷い」ながら半年経ってポツダム宣言の国民の自由な発表の意思に基づく政治形態の決定という考え方を自分のものにして「超国家主義の論理と心理」の論文を書いたといいます（1946・3・22脱稿、世界5掲載、丸山回顧談）。ですから、もしポツダム宣言第12項が敗戦時に国民主権をいっていたというならそれは時代の制約を無視した意見です。またタブーが外れてからも主権者国民の意思の表明をあいまいにするなら、それもタブーが外れたという時代の動向の無視になります。

主権論はまさに論争的概念です。ですから、ケルゼン『一般国家学』に倣う横田が人民主権をいい、人口の多い近代国家では「人民の代表者」が最高の権力（主権）を行使するというのは適切です（横田・新憲法と主権、天皇制）。したがって、国民主権の天皇制に対する歴史的緊張関係こそ天皇制護持に由来する象徴天皇制の運用の前提に置かれているべきです。

象徴天皇制の今日の問題

象徴天皇制の運用の問題をいくつか取り上げましょう。

1　憲法と皇室の関係

憲法と皇室の関係については諸説がありますが（笹川・ジュリスト974）、以上検討したところを基にしますと、今なすべきは、政府の依拠する皇室の伝統尊重説（別名憲法と皇室のバランス論）と憲法最高法規説とを意識的に対比して考察することです。

新憲法の施行に伴い、旧皇室典範・皇室令が廃止されましたが、皇室にかかわる法は新憲法の下に一元化されませんでした。というのは、皇室事務の取り扱いのために宮内府の文書課長が依命通牒を出したからです。すなわち「従前の規定が廃止となり、新しい規定ができないものは、従前の例に準じて事務を処理する」。この通達によって皇室内部は規律され、新憲法に抵触する疑いのあるものが温存されましたから、新憲法の国民主権の観点から皇室内部はいかにあるべきかは議論されませんでした。したがって、最高法規である憲法を皇室にどう適用するかよりも、憲法と皇室とのバランスをどうとるかが課題になりました。ですから、主権者である国民が天皇制を完全に統制することは実現していません。まさに大西洋憲章によって国体護持をもたらした歴史的原因が尾を引いているというべきではないかと思います。それはさまざまに現れてきます。

2　天皇の生前退位

(1)　天皇の新たな踏み出しか

針生誠吉は１９６３年６月の憲法調査会意見書の「天皇」を分析して次のようにいいます（針生・法律時報35－11）。

「政治的アパシーの弥漫する大衆社会において、象徴の抽象的無権能性を強調することにより……革新勢力による天皇制への積極的批判を沈黙させ、天皇制への狂信的支持よりはスター化による消極的、ムード的支持を高め……社会のすみずみに浸透せしめることが可能となれば、天皇制は、戦後の大衆社会において、望みうる失地回復を完全になしとげえた」。

56年前の意見は今も当てはまります。私は、平成天皇の退位発言はその積み上げてきたところから踏み出すのでないか、象徴天皇制は新たな段階に達したのかと疑っています。

２０１６年に「天皇が生前退位の意向を示している」というＮＨＫのスクープによって退位の話が起き、「おことば」によって天皇の意向がテレビで流されました。内閣は天皇の意向を受け止めて退位特例法の立法化を進めました。

おことばには二つの論点があります。

①　「国内のどこにおいても、その地域を愛し、その共同体を地道に支える市井の人々のあることを私に認識させ、私がこの認識をもって、天皇として大切な、国民を思い、国民のために祈るという務め、人々への深い信頼と敬愛をもってなし得たことは、幸せなことでした。」

しかし、

②　「天皇の高齢化に伴う対処の仕方が、国事行為や、その象徴としての行為を限りなく縮小していくことに

は、無理があろうと思われます。」

しかし、地域・共同体を支える「市井の人々」の存在を認識しその「国民を思い、国民のために祈る」ことは、天皇に固有ではなく、誰でもなし得る倫理的なあり方です。倫理は憲法から導き出されません。倫理は自分が決めるものです。

天皇が高齢で「健康を損う」とか、社会と国民への影響とかは憲法第5条の摂政制度によって回避が可能です。

こうしてみますと、①②のどちらも退位特例法を設ける理由になりません。それゆえに、平成天皇も内閣国会も、憲法規定に即して象徴天皇制を運用しなかったといわざるを得ません。

(2) 憲法第1条の「国民」とは誰か

憲法にとって重大な問題は、天皇がある意向を示し、内閣国会はその意向を実現する退位特例法を制定したことです。次のような意見があります。

> 特例法の制定に当たっては、天皇の地位は主権者である国民の総意に基づくという憲法第1条の規定との兼ね合いから、国会に議席を有する各政党の代表者による会議での事前協議の結果も反映させた法律として制定される運びとなった（インターネット：退位特例法制定過程の解説）。

では天皇の地位は主権の存する「日本国民の総意」に基くというときの国民は誰でしょうか。

たしかに、憲法第1条は「国民の総意」として象徴天皇制を定めています。そこで、横田は多数決の方法によって「国民の多数の意志が総意として認められる」というのはなる程と思われます。ではどこにその手続が決められているのでしょうか。それはありません。またその手続を定める特別法を制定すべきでしょうか。多数決で決めるとなると、象徴とは何かの烈しい議論が生れ、国民統合には政治性が現れます。そうしますと憲法第4条の天皇の政治活動禁止の趣旨は政治的対立の回避ですから、その整合性の上から考えても、横田の意見には問題があります。そうであれば、憲法第1条は国民の総意を確認する手続を述べていないという解釈が妥当です。そのために第1条の「国民」は総意を表明できません。

そうしますと、憲法第15条1項に基づいて議員を選定できる国民つまり意思を表明できる国民と意思を表明できない憲法第1条の国民は、同じ主権者でありながら、性質を異にします。それゆえに、憲法第15条の国民によって選定された内閣国会の議員は憲法第1条の「国民の総意」を付度出来ても国民の総意を代表できません。したがって、内閣国会議員は憲法第4条による天皇の政治活動禁止の制約を解除できる憲法上の権限を持っていません。

　退位発言の憲法第4条違反の問題は、天皇の公務負担の軽減の問題とは質が違います。なぜなら、前者では憲法規定に直接抵触する行為があるからです。大衆社会が生前退位を容認するという計算が議員にあったかもしれません。しかし、大衆の意識の視点は、制度を支える心理的事実を説明するとしても、法規範は事実からは相対的に独自な性質を持ちますから、事実と法規範は別物です。ですから、憲法の法的制約が天皇との関係で緩められたのかという疑に大衆の視点は答えになりません。

3　大喪の礼・即位の礼・大嘗祭・元号の制定

　天皇の代替わりでかかわる大喪の礼・即位の礼・大嘗祭の儀式・元号の制定にはいろいろ憲法問題があります。簡略に述べます。

(1)　これらの儀式の根幹を占めているのは皇室神道の宗教儀式です。その行事に国費が投じられるなら憲法の政教分離原則から問題が生じます。

---

(2)　国民と同じく天皇が信じる宗教で親族が葬儀を行うこと自体は否定できません。しかし、昭和天皇の葬儀は親族の私的な費用でなく国費で賄われ大規模でした。巨大な陵（墓）が作られました。それは主権者であった昭和天皇を誇示します。国民主権の下にある象徴天皇制にふさわしいでしょうか。

(3)　昭和天皇の場合、Xデーが近づくと、国民生活は自粛を求められ、テレビから陽気さや華やかさやお笑いの番組は消えました。天皇の容態がニュースになりました。ある新聞では、昭和天皇の病を憂えない国民はひとりもいないとまでいわれました。しかし、思想良心信仰の自由がある以上すべての人が新聞と同じく憂えるとは限りません。ですから、あの抑え込む雰囲気は精神的自由のない恐ろしいものでした。外国の新聞が昭和天皇の戦争責任を報道してからようやく国民はこの抑圧の閉塞状況より自由になれたのです。この状況の再現を見たくありません。

(4)　即位の礼では、平成天皇は大正天皇の用いた高御座（たかみくら）に登壇しました。高御座に新天皇が登壇することには国民主権からの問題があります。

(i)　高御座は古代の神話をあしらっています。高御座に新天皇が登壇することは国民とは無関係な支配者一族の古代の神話の継承の象徴になります。したがって、新天皇の位の根拠が主権者国民の総意にあることどう折り合いを付けるのか、と問われます。

(ii) 海部総理大臣は平成天皇に即位を祝して万歳を唱えたとき、総理大臣は高御座に登った天皇を見上げるような高低差を示す位置関係にありました。したがって、国民から選ばれた議員の総理大臣が世襲に基く天皇を見上げて万歳を唱えるのは、国民主権にふさわしいか、と問われます。

(5) 即位の礼で平成天皇は高御座から憲法順守を誓う「おことば」を述べました。アメリカの憲法の例によれば、大統領が就任に際し憲法に忠誠を誓うときの文言は憲法が定めています。日本国憲法第99条は天皇他に憲法尊重擁護義務を課していますがその就任に際し何か言うか言わないかどちらも定めていません。憲法が定めていないことを天皇がおことばで表明することは憲法第99条の一つの解釈を示す政治活動にほかならず、天皇の政治活動の禁止に抵触します。

(6) 大嘗祭は内廷費で行うべきであると秋篠宮がいいました。この発言を合憲という意見があります。憲法第4条は政治活動の禁止を天皇についていっているが皇族についてでないというのでしょう。しかし、疑問がありますから簡単に述べます。

(i) 憲法第88条によって、皇室財産はすべて国にはく奪没収されましたが、内定費、宮廷費、皇族費によって埋め合わせが行われています。したがって、皇族は国から支給される金銭で生活します。公務員と変わりません。猿払事件では現業郵便局員が、非番の時に自分の支持する政党のために郵便物を発送して、公務員の政治活動禁止に反するという理由で処罰されました。それでは、皇族は生活費の支給を受けながら政治活動をしてもいいのでしょうか。それではあまりにバランスがとれていません。

(ii) 秋篠宮の発言は肉声として歓迎する空気があります。発言は法的に熟慮されたものかどうか真意は部外者にわかりません。美濃部を参照しますと、政治活動が天皇に許されればそれは国民と変わりなく、もはや天皇でなく一個人です。皇族も同じです。そうしますと、日本国憲法第19条が思想良心の自由を保障していますから、その皇族は自己の思想良心にしたがった生き方を貫いて皇族であることを辞すか、皇室の伝統の枠内には収まりがつかない想いを抱き続けるかの岐路に立たされるはずです。両立はあり得ません。なぜなら、思想良心の自由や各種人権は特権階級に抗して保障獲得された国民の権利だからです。

まとめに代えて―自民党憲法改正草案における天皇制の問題

(1)　自由民主党の憲法改正草案（２０１２）の天皇制には、主権論にかかわる論点がありますからそれをまとめに代えて取り上げたいと思います。

草案前文には、日本国は、国民統合の象徴である「天皇を戴く国家」であり、「国民主権」の下に三権分立により統治されるとあります。したがって、象徴天皇制を前提にした国民主権がいわれています。この象徴天皇制のとらえ方は、天皇主権から国民主権への歴史的転換を無視しています。しかし、国民主権を否定するのではなく、象徴天皇制の下に国民主権を位置づけています。その考えは、明治憲法の天皇主権との連続を図る歴史的妥協です。したがって、草案は、明治憲法の単純な復古を表していませんが、天皇を元首とする、国旗国歌元号を明記するというように、明治憲法との連続性を示唆します。

(2)　草案は、天皇の政治活動を禁止する第４条によって天皇を政治の領域から遠ざけながら、「戴く」の言葉にしたがって、時の支配である元号を含め、一切の栄誉の源泉を天皇に帰します。草案Q＆Aでは元首は「国の第一人者」です。天皇は国内外で儀礼上の栄誉を受けるあるいは与える存在になります。その結果、教育の現場では「日の丸」「君が代」の強制がいっそう進攻し、国民の精神的自由の制約が憲法によって正当化されます。

ではなぜ個人の権利の尊重よりも「国の第一人者」の栄誉に重点が置かれるのでしょうか。回答には大衆天皇制が持ち出されそうです。じっさい、「『民主化』された天皇制」（松下圭一）という大衆天皇制は説得力をもっています。では、「民主化」とか「『大衆（マス）』デモクラシー」とは何でしょうか。はっきりしません。しかし、「大衆（マス）」にヒントがありそうです。それなら、その説明は「大衆（マス）」を通じた天皇による統合機能の主張に見えます（スメントの統合（インテグラティオン）理論）。

たしかに、国民の意思に基づく天皇制は神権に基づいた天皇制と根拠が違います。しかし、それだけでなく、象徴天皇制は、血統という生れに基づいて本質的に民主主義と一致しないことは「どこまでも忘れてはならない」という有力な意見があります（横田）。ここに大衆天皇制のアキレス腱があります。そういえるなら、民主主義を平等の観点からとらえることにこだわり血統と民主主義とは矛盾すると意識している天皇制論と統合的な大衆天皇制論とはなかなか重なりません。私は、そのために、横田が、この矛盾から「天皇が絶対に政治に関係しないようにすることが必要である」と主張していることに改めて注目したいと思います。なぜなら、国民主権の政治にあっては平等が肝心だからです。

結びにかえて

(1) 象徴天皇制は、内閣国会の与野党の議員らに支えられて、いわば翼賛されて、憲法第4条の天皇の政治活動の禁止の制約を踏み出したのではないかと疑っているといいました。この事態は、天皇制が国民の受容する所になっていることを如実に示しています。そこでのデモクラシーは何かが問題です。そのデモクラシーは天皇制と親和的な傾向をもっていますから、人民（国民）と天皇の対立に重点を置いていない、それどころか、国民主権と緊張関係にあった天皇制はあいまいになっています。

(2) 資本に支えられたマスコミを通して国民と天皇皇族の一体感を形成する情緒的な思想動員や新天皇の元号使用の促進をはかる活動に警戒が欠かせません。生れによる差別がぼかされます。

この点で、新たな問題が生じています。すなわち、外国人労働者が労働力不足を補う名目で日本社会に導入されますと、彼らは、低賃金、劣悪な労働環境、異質な文化的環境で、利用価値のある物として非人格的に扱われて、差別と蔑視に苦しむでしょう。人間が生きるうえで差別と蔑視がどんなに人を苦しめるかは、日本は植民地支配で経験したはずです。今度は高齢化社会における労働力不足という社会条件が人間の差別と蔑視を再生産する事態を突き付けています。

(3) 差別と蔑視を超えるように、日本国憲法は「全世界の国民が、ひとしく恐怖と欠乏から免かれ、平和のうちに生存する権利を有する」といって人々の生きる希望を語っています。対応して曇りなく現実を捉える自由と平等の観念を大切にしたいと思います。

国民主権と国民投票

一橋大学教授
只野雅人

はじめに

「国民投票」というと何を思い浮かべるでしょうか。日本では、憲法改正を主張する安倍政権が続く中、憲法改正のための国民投票（憲法第96条1項）のあり方が、議論されています。２００７年、国民投票の手続を具体的に定めた法律（日本国憲法の改正手続に関する法律、以下では改正手続法といいます）が制定されています。しかし、この法律には、18歳投票権、公務員の投票運動の規制、国民投票が成立するための最低投票率など、いくつもの課題が残されていました。その後、修正が行われてはいますが、投票運動をめぐるテレビのスポット広告の規制など、なお重要な課題が残されています。

ひとたび国民投票が行われると、その後で結果を修正したり、ましてや覆したりすることは、容易ではありません。２０１６年6月、ＥＵからの離脱の是非をめぐって、イギリスで国民投票が実施され、大方の予想に反して、離脱賛成の意見が多数を占めました（いわゆるブレグジット）。しかし、離脱をめぐるＥＵとイギリスの交渉は難航し大きな混乱が生じています。イギリスの例は、国民投票の難しさをよく示しています。

だからといって、重要なことは国民ではなく議会が決めるべきだと簡単に結論づけるわけにもゆきません。イギリスの国民投票の結果は、議会や政府、政治を動かすエリート達に対する、国民の不満の表明でもあるからです。民意と議会や政府との間にズレがある以上、単純にすべてを選挙された代表にまかせておけばよい、というわけにはゆきません。とはいえ、他方では、国民が直接意思を表明する仕組みをとるのであれば、どの様な仕組みを作り、どの様に運用したらよいのかという点が、厳しく問われることにもなります。

日本国憲法・前文は、「日本国民は、正当に選挙された国会における代表者を通じて行動し…」と規定しています。選挙された代表者に政治を委ねる、代表制を原則としているようにみえます。しかし憲法改正については、国会の議決だけではなく、国民投票を通じた主権者・国民の同意をも求めています。こうした仕組みは、憲法が掲げる国民主権の原理から、どの様に説明されるのでしょうか。さらにまた、そもそも国民主権とは、何を意味するのでしょうか。本章では、こうした問いを念頭に置きながら、国民が直接意思表明をする仕組みである国民投票の意味について、考えてゆきます。

1　国民主権とは？

(1)　国民主権と代表制

日本国憲法・前文は、「ここに主権が国民に存することを宣言し、この憲法を確定する。」と定め、また象徴天皇制についての規定である第1条は、天皇の地位が「主権の存する日本国民の総意に基く」と定めています。最初に、「国民主権」という場合の、「主権」、「国民」の意味について考えてみることにしましょう。

まずは「主権」についてです。「主権」はいくつかの異なる意味で使われることばです。通例は、①国家の最高独立性、②国家権力あるいは統治権、③国家意思の最終的決定権、といった三つの意味が区別されます。①は主に対外的なもので、「国家主権」、「自国の主権を維持し」（憲法・前文）などという場合の「主権」です。③は、憲法を制定する権力、あるいは憲法が制定された後は、憲法を改正する権力、といった意味です。「憲法を確定」したり、また天皇の地位を定めたりするような場面では、この意味での主権が問題となります。有力な憲法学説も、主権を、国の政治のあり方を最終的に決定する力（宮沢俊義〔芦部信喜補訂〕『全訂日本国憲法』（日本評論社、1978年）33頁）などと定義しています。憲法第96条が定める憲法改正のための国民投票は、こうした意味での主権（憲法を改正する権力）が直接行使される場面であるとみることもできるでしょう。

では、憲法の制定や改正以外の場面では、憲法は主権者である国民の役割をどのように考えているのでしょうか。国家意思の最終的決定権といった意味でのみ国民主権を捉えると、憲法改正の国民投票を別にすれば、憲法上、主権者・国民の具体的な役割を見出すことは難しくなります。国民に主権があるといっても、その趣旨は、憲法が国民投票のような特別な制度に関する規定を置かない限りは、国家権力を基礎づける根拠（国家権力の正当性の淵源）というような意味合いにとどまるでしょう。この場合、通常の国政の運営は、もっぱら「正当に選挙された国会における代表者」に任せるべきだということになります。代表制といわれる仕組みです。

国民が直接に政治的な意思を決定する仕組み（直接制）よりも、代表制の方が優れているのだという議論は、古くからあります。権力分立論で知られる18世紀のフランスの思想家モンテスキューが、人民には直接決定を下す能力はなく、「人民はその代表者たちを選ぶためにのみ統治に参加すべきである」と述べたことはよく知られています（モンテスキュー〔野田良之他訳〕『法の精神・上』（岩波書店、1989年）296頁）。最近では、公開の場である議会での討議（熟議）の重要性なども、よく強調されます。イギリスの国民投票の例をみると、選挙された議員達による理性的な討議に期待するという議論にも、一理あるように思えるかもしれません。

しかし、「はじめに」にでも確認したように、イギリスの国民投票の結果には、「正当に選挙された議会における代表者」に対する、不満の表明という面があるでしょう。問題なのは、国民の要求にきちんと応答できていない議会や政府であるとみることもできます。こうした不満を巧みに結集した政治家が権力の座につくこともあります。ポピュリズムなどと呼ばれる問題です。では、どうしたらよいでしょうか。あらためて、国民主権が何を意味するのかという問題に立ち返って、考えてみたいと思います。

(2)　主権者・国民の役割と代表民主制

「主権」ということばは、国家権力あるいは統治権という意味で使われることもあります（上記②の意味）。国民主権の母国と言われるフランスでは、むしろこうした意味で国民主権を使ってきました。この場合、主権を有する（主権の主体である）「国民」をどのようなものと考えるかが、重要な意味をもつことになります。

「国民」とは、法的には通常、国籍を有する者を意味します。この意味で主権者・国民を理解するなら、国籍保持者全体が統治権の主体となるのが国民主権だ、ということになります。この場合、「国籍保持者」の中には、実際には政治的な意思決定ができない子どもなども含まれることになります。この意味での「国民」（国籍保持者の総体）は、実際には統治権を行使することができませんから、結局はその行使を「選挙された国会における代表者」に委ねざるを得ないことになります。主権を、もっぱら憲法を制定・改正する権力とみる場合と同じ結果になります。

一方これとは異なり、「国民」を実際に政治的な意思決定ができる者の総体、たとえば有権者の総体といった意味に理解する立場もあります。この意味での「国民」は、国籍保持者の総体という場合と区別するために、「人民」と呼ばれたりします。政治的意思決定ができる者の総体（人民）が主権をもつことになりますから、この意味での国民主権（人民主権ともいいます）のもとでは、たとえば国民投票のような形で、主権者が自ら統治権を行使することも否定されません。

もちろん、有権者数が1億人を超える日本のような国家で、国民が常に直接に政治的な意思決定を行うことは不可能です。憲法・前文が定めるように、主権者・国民は、「正当に選挙された国会における代表者を通じて行動」することが原則とはなるでしょう。しかしその場合でも、憲法が定める枠の中で、代表による意思決定ができるだけ主権者・国民自身による意思決定と近づくような、制度の設計や運用が求められるでしょう。国民と国会の間にズレがあるならば、そうしたズレをできるだけ小さくするような工夫が求められることになります。

古くは、代表に国政の運営を任せる仕組み（代表制）に対して、古代ギリシアのように市民が一堂に会して政治のあり方を直接決める仕組みを民主制と呼んでいました。代表による決定が国民自身による決定と同視できるような仕組みをも民主制と呼ぶならば、日本国憲法の代表制の仕組みは、単なる代表制ではなく、主権者・国民の意思を重視した代表民主制でなければならないでしょう。

ここまで、いろいろな国民主権の理解の仕方を論じてきましたが、日本国憲法の国民主権は、いずれの意味で理解されるべきでしょうか。日本国憲法の規定は、たしかに代表制を基本とするようにみえますが、他方では、憲法改正の国民投票、さらには特定の自治体のみに関わる法律についての住民投票の規定（第95条）など、主権者・国民の積極的な役割を想定してるような規定もあります。また、憲法第15条1項は、公務員（典型は国会議員）を選定・罷免する固有の権利を国民に認めています。「罷免」とは解任するという意味で、通常は選挙で落選させることを意味します。しかしそれだけでなく、任期途中に議員を解任すること（リコール）もまた、憲法は否定していないと、みることも不可能ではありません。実際、地方自治法では、首長や議員の解職の制度を定めています。こうした、国民（住民）が国政上積極的な役割を演じることを予定した規定があえて置かれていること重視すれば、日本国憲法は、たんなる代表制だけに満足せず、主権者・国民（人民）が積極的な役割を果たすことをも想定した憲法だと考えることも、十分に可能でしょう。

もっとも、その場合には、どのようにして主権者の意思を適切に反映する仕組みを設計し運用するのかが、重要な意味をもつことになります。次に国民投票という仕組みをとりあげ、この点について考えてみましょう。

2　日本国憲法と国民投票制度

(1)　さまざまな国民投票制度

国民投票には、さまざまな仕組みのものがあります。たとえば憲法第96条の国民投票は、憲法改正を対象としたもので、憲法改正を行う場合には必ず実施されます（義務的）。発議を行うのは国会で、両議院の総議員の３分２以上の賛成が必要となります。また、国民投票で過半数の賛成が得られれば憲法が改正されるという、法的な効果が直接生じます。法的な拘束力のある国民投票といえるでしょう。

一方、「はじめに」で触れたイギリスの国民投票は、ＥＵからの離脱の可否という国政上の重要事項について、２０１５年に制定されたＥＵ国民投票法に基づき実施されたものです（任意的）。また、離脱賛成が多数を占めましたが、最終的には離脱案についての議会の同意が求められています。直接に法的拘束力がある国民投票に対して、諮問的な国民投票といえるでしょう。もっとも、いったん表明された投票結果の重みは無視できません。

イギリスには、日本のような憲法典はありませんから、法律の制定は自由です。一方、日本国憲法には、イギリスのような国民投票の実施に関する規定はありません。それでは、イギリスのように法律さえ制定すれば、日本でも同様の国民投票を実施できるでしょうか。次にこの点を考えてみることにしましょう。

(2)　国政上の重要事項についての国民投票

憲法改正の場合のように、法律案を国民投票によって可決したり、あるいは重要な条約の承認を、国民投票を通じて行ったりするようなこと（法的な拘束力のある国民投票）は、日本国憲法の場合、難しいでしょう。憲法は国会を唯一の立法機関とし（第41条）、また憲法に特別の定めがない限りは、法律は憲法第59条が定める手続によって制定されると規定しています。条約の承認手続も、憲法に規定されています。

それでは、法的拘束力を直接には生じない、諮問的な国民投票だったらどうでしょう。日本国憲法の国民主権は、先に述べたような意味での代表民主制を前提としているとみるならば、この種の制度を導入することは、憲法上当然に許されるということになるでしょう。一方、憲法が定める国民主権は代表制を原則としていると考えるなら、諮問的とはいっても、実際上国会や内閣が結果を覆すことが難しい国民投票の制度化は、代表制の原則にそぐわないということになりそうです。もっとも、あくまで「諮問的」であることを重視して、必ずしも代表制の原則には反しないとみることも不可能ではありません。国会でも、「法的な効力は与えない、どこまでも国会が唯一の立法機関であるという憲法41条の原則に触れないという形に制度を仕組むということであれば、先ずその点は憲法に違反しない」といった答弁がなされています（昭和53〔1978〕年2月3日・衆議院予算委員会・真田秀夫内閣法制局長官）。

このように、国政上の重要な争点について、基本方針の可否を国民に問うような諮問的国民投票は、日本国憲法のもとでも制度化できると考えることは十分に可能でしょう。ただし、その場合には、国民の意思が適切に表明できるよう、十分な工夫が必要となります。

日本の場合、いまのところ諮問的な国民投票の仕組みはありません。そこで、国民投票の設計にあたり何が重要かを、すでに法律によって制度化されている憲法改正手続を手がかりに、検討することにします。憲法改正の国民投票には、憲法改正に特有の要素がありますが、他の国民投票と共通の問題もまた、少なくありません。

(3)　憲法改正と国民投票の意義

憲法改正手続に関する第96条1項の規定は簡略で、「この憲法の改正は、各議院の総議員の三分の二以上の賛成で、国会が、これを発議し、国民に提案してその承認を経なければならない。この承認には、特別の国民投票又は国会の定める選挙の際行はれる投票において、その過半数の賛成を必要とする。」と定めるのみです。どのような手続を仕組むのかは、広く法律に委ねられているようにもみえます。しかし、国民投票の重要性を考えるならば、その制度化は、先に述べた国民主権や代表民主制の趣旨を十分にふまえたものでなければならないでしょう。ここでは、国民主権と関わりとくに重要と思われる点を、二つほど指摘しておきたいと思います。

ひとつは、日本国憲法の場合、憲法改正には必ず国民投票が求められている、ということです。憲法改正に国民投票が求められるのは、国民主権の原理からすると自然なことのように思われますが、外国では、ドイツのように国民投票を経ずに議会（連邦議会・連邦参議院の3分の2の賛成）のみで改正を行える、あるいはフランスのように議会両院の合同会議（5分の3の賛成）で改正を行うか、あるいは国民投票にかけるかを選択できる、といった例もあります。日本国憲法の場合、あらゆる改正に国民投票が要求されているのは、それだけ主権者の役割を重視していることの表れともいえるでしょう。

いまひとつ重要と思われるのは、国会による発議という代表制の手続と国民投票による承認とが組み合わされている、ということです。この仕組みの趣旨について、「国民總意の内容をつくる精密な考慮と、其の斷行を決する大體的判斷とは行う適任者が違う」と述べたのが、金森徳次郎です（金森徳次郎「憲法改正と国民投票」高見勝利編『金森徳次郎著作集Ⅲ』（慈学社、2014年）83頁）。戦後の帝国議会で、戦前の明治憲法の改正案（新憲法＝日本国憲法案）が審議された際、憲法担当国務大臣としてほとんど一手に政府側の答弁を行ったのが金森でした。「国民總意の内容をつくる精密な考慮」「其の斷行を決する大體的判斷」とは、後の論文の中で金森が使った言葉ですが、第96条の趣旨を実に的確についているように思います。

(4)　国民主権と国民投票制度

(i)　発議の手続

以上の2点をふまえて、国民投票を制度化し運用するにあたり、重要と思われる点を確認してゆきましょう。主として念頭に置くのは日本国憲法が定める憲法改正手続（国民投票を含む）ですが、以下で論じる内容は、それ以外の国民投票にもあてはまる点が少なくありません。憲法改正手続の詳細については、Ⅳの2（憲法改正と国民投票）で検討されますので、ここでは発議の手続と国民投票の手続それぞれについて、考慮すべき要点をおさえておくことにします。

まずは、国会による発議についてです。最高法規である憲法の中身をどの様に作り込むかをめぐっては、金森が述べるように「精密な考慮」が欠かせません。様々な意見を考慮して、また専門家の助けも得ながら、国会という国民に公開された場で議論を深めることが求められます。憲法改正をめぐる両院の総議員の3分の2以上という発議のための要件は、「精密な考慮」を国会議員に促すうえで重要な意味をもっています。多数党だけの賛成では発議はできず、野党をも説得することが必要となるからです。説得の過程で議論が深まることが期待されます。その時時の多数党の思惑だけで憲法改正を発議することを許さない仕組ということもできるでしょう。こうした仕組みは、政治的多数者を縛り、少数派にも等しく権利を保障する最高法規（憲法）の性格から、とくに重要な意味をもちます。しかしここでは、それだけでなく、「精密な考慮」を促す仕組みとしても重要であることに、注目しておきたいと思います。

懸念されるのは、こうした仕組みが、国会での審議をショートカットするために用いられないか、ということです。両院の総議員の3分の2以上という発議のためのハードルが高いことを見越して、国会での審議の前に、改憲を進める政党間で合意形成がなされる、といった状況も予想されます。国会での議論が十分に深まらないまま、審議が進められ発議に至る、といった可能性もあります。

よく知られるように、日本の国会では、政府提出法案をめぐって、政権与党内の事前調整（いわゆる与党内審査）が綿密に行われてきました。その結果、国会内（特に法案の審議が中心的に行われる委員会）での審議が形骸化している、という指摘もなされてきました。主権者である国民が最終的な判断をなしうるための前提として、国会の発議に高いハードルを設け、「精密な考慮」を国会に促しているのだ、と先に述べました。しかし、国会のこれまでの現状を考えると、発議についての高いハードルが「精密な考慮」を促すことにつながらず、かえって、そうしたハードルをバイパスするような運用がなされるおそれもあります。

両院の3分の2という発議要件は、日本国憲法の改正に特有のものですが、国会の過半数で国民投票の発議がなされるような仕組みをとる場合にはなおさら、「精密な考慮」がなされるよう、主権者・国民が国会での議論をしっかりと監視してゆく必要があります。

発議はまた、主権者である国民が「大體的判斷」を的確に行えるよう、明確な形でなされる必要があります。たとえば、憲法第9条改正と「新しい人権」の創設を抱き合わせにして発議することで、国民が受け入れにくい提案を通しやすくする、といった運用を防がなければなりません。この点では、発議は「内容において関連する事項ごとに区分して行う」（国会法第68条の3）ということが重要な意味をもちます。とはいえ、何が「内容において関連する事項」かを実際に判断するのは国会です。国民の「大體的判斷」を妨げるような発議がなされることがないよう、しっかりとした監視や批判が不可欠です。このことは、憲法改正以外の国民投票についても、まったく同じようにあてはまります。

(ii)　国民投票の手続

次に、国民投票についてです。国民投票では、「精密な考慮」にもとづく発議をふまえて、主権者である国民が、大局的な見地から最終的な判断（「大體的判斷」）を行うことになります。国民投票では、棄権を別にすれば、賛成か反対かというシンプルな形で、重要な意思表示が行われることになります。それだけに、適切な「大體的判斷」が可能になるよう、十分な情報や議論が欠かせません。十分な説明もないままに賛否いずれかの意思表示を求められても、適切な判断は難しいでしょう。

さらに、発議の後の、国民投票をめぐる運動のあり方も重要な意味をもちます。国民投票運動について何より大切なのは、さまざまな立場からの自由な意見表明や議論が保障されなければならない、ということです。このことの意味を、選挙運動と比べながら考えてみましょう。

選挙では、当選を争い、候補者や政党を中心に運動が展開されます。選挙運動も政治的な表現活動のひとつですから、本来は、運動は自由が原則のはずです。しかし、日本の選挙運動は、公職選挙法の規定によって厳しく規制されています。基本的には、公職選挙法が認めた手段の範囲内で、選挙運動をするという仕組みです。ある意味「公平」なやり方ではありますが、極めて不自由な運動でもあります。公選法が認めていない文書を自由に配布したり、あるいは戸別訪問をして政策を訴えたりする、といったことは認められていません。選挙運動も、憲法が保障する政治的な表現活動のひとつですから、こうした厳しい規制には、本来、憲法上大きな問題があります。

国民投票の場合はどうでしょうか。国民投票運動の争点は、直接には憲法改正の当否です。しかし実際には、憲法改正という争点の重要性や拡がりを考えると、関連してさまざまな政治上の論点が幅広く議論されることになるでしょう。また、政党や国会議員だけでなく、国民全体が運動と関わることになるでしょう。選挙区という単位で実施される選挙の場合とは異なり、買収なども行いにくいでしょう。こうした運動の性格を考えると、選挙運動のような厳しい規制を及ぼすことは、そもそも難しいといえるでしょう。こうした点も考慮して、改正手続法が定める国民投票運動は、原則自由なものとして設計されています。もっとも、Ⅳの2で検討されるように、一部には問題となる規制も残っています。

他方で、自由な運動を保障するだけでよいのか、という問題もあります。憲法改正の発議は、両院の総議員の3分の2以上でなされます。政治的な力関係からいうと、この段階で、改憲を発議する側が圧倒的に優位に立つことになります。効果的に投票運動を行おうとすれば資金も必要になりますから、力関係の違いは無視できません。憲法改正以外の場合でも、国会が国民投票を発議する仕組みをとる場合には、国会内の多数派が発議を行うことになりますから、同様の問題が生じます。主権者・国民が適切に「大體的判斷」を行うためには、国会の提案に賛成する側の意見だけでなく、反対側を含むそれ以外のさまざまな意見や議論をも適切にふまえる必要があります。自由を大原則としつつも、力関係の不均衡を考慮した、公平さへの配慮もまた必要になるでしょう。

改正手続法では、改正について賛成の立場・反対の立場の双方を対等に扱うことが規定されています。しかし、多額の費用を要するテレビ広告の規制など、なお検討すべき重要な課題が残されています。広告自体を規制するというやり方以外にも、テレビ広告について一定の資金規制（運動主体ごとの利用額の条件）をかけるという手段なども、考えられます。メディア側が広告についてどの様な扱いをするのかも、問われることになります。こうした点について、日本ではまだ十分に議論が熟しているとはいえない状況です。諸外国の制度も参考に、しっかり検討してゆく必要があるでしょう。

むすび

日本で国民投票が行われる場合、1億人を超える有権者が、賛成か反対かという二者択一で意思表示をすることになります。諮問的な国民投票の場合には、投票結果をふまえ、国会などで審議が行われることにはなりますが、イギリスの例が示すように、一度示された投票結果を修正することは容易ではありません。

いずれにせよ重要なのは、主権者・国民による直接的な政治的意思決定を行ううえで、国会を中心とした代表制の仕組みがうまく機能することが欠かせない、ということです。国民投票は、代表制の仕組みから独立して存在するわけではありません。「精密な考慮」と「大體的判斷」とがあいまって、代表民主制が成り立つことになるのです。

議会制と選挙制度

成城大学教授
松田　浩

1　「国会軽視」と責任政治の落日

２０１２年に始まった第二次安倍政権以降、「国会軽視」の動きが強まっています。

憲法第53条は、いずれかの議院の総議員の４分の１以上の要求があれば、内閣は臨時国会召集を決定しなければならないとしています。しかし、２０１５年10月21日に野党の召集要求がなされたにもかかわらず、安倍内閣はこれに応じず、ついに翌年１月４日の通常国会まで召集を行いませんでした。さらに、２０１７年６月22日の臨時会召集要求に対しては、３ケ月以上これを放置したのみならず、ようやく９月28日に召集した冒頭で、国会論戦もなくいきなり衆議院解散に踏み切っています。憲法上、召集要求に応じる期日に○○日以内という限定が付されているわけではありませんが、これらは明らかに内閣が憲法上の召集決定義務に違反した事例といえるでしょう。

「国会軽視」は、国会審議の手続きにも現れています。２０１７年６月に、改正組織犯罪処罰法（いわゆる共謀罪法）が成立するにあたり、参議院本会議での審議の前提となるべき法務委員会の採決の代わりに、「中間報告」という手段がとられました。この手段は国会法第56条の３に定められていますが、このときはそこで要件とされる「必要」性や「緊急」性を満たさない「中間報告」だったとすれば、きちんとした法律上の手続きを踏まずに立法が強行されたとみなければなりません。

こうした「国会軽視」は氷山の一角にすぎませんが、憲法・法律上の正規の手続きを無視してまで、国会で野党に追及の場を与えず、国会審議を形骸化させようとする姿勢は、もはや安倍政権の一貫した「体質」になっているとみてよいでしょう。安倍首相は、これまでに少なくとも4回（２００7年5月、２０１6年4、5月、２０１8年11月）、国会の場で自身を「立法府の長」だと「言い間違え」していますが（誤りは一部で認めているようです）、この迷言は、国会を自己の支配下にある従属物にすぎないとみなす深層心理を暗示しているのかもしれません。

いうまでもなく、国会が「国権の最高機関」（憲法第41条）であるのに対して、内閣はその首長が「国会議員の中から国会の議決で」（憲法第67条1項）選ばれ、その行政権行使について「国会に対し連帯して責任を負ふ」（憲法第66条3項）のが、日本国憲法の定める立法府と行政府の基本的関係です。国会は「全国民を代表する選挙された議員」（憲法第43条）によって構成されることも加味すれば、内閣は国会に、国会は国民に、それぞれ従属し、責任を負う、という関係にあるはずです。安倍首相の迷言から透けてみえる虚像とは正反対の姿が、日本国憲法本来の統治構造といえます。

「責任」ということばは多義的ですが、少なくとも「応答する責任」（responsibility）と「説明する責任」（accountability）の双方を含んでいることは現代の常識といってよいでしょう。内閣はまず、国会（ひいては国民）の前に、誰もが納得できることばで自己の組織と運営のあり方を説明し、透明な自己の姿を公明正大に開示すべきです。その上で、国会（ひいては国民）の批判と熟議を仰ぎ、その自由闊達な討議の結果に対して誠実に応答するかたちで、出処進退を決し、あるいは現実の施策を進めていくべきでしょう。安倍政権に顕著な特徴の一つは、こうした責任政治の原理をあってなきが如くに愚弄・蹂躙していることにあります。

2　統治構造改革の「理想」とその帰結

しかし、安倍首相の頭のなかにあると推定される統治構造の姿は、必ずしも彼一人の所有物ではないとみるべきです。それは、少なくとも１９９０年代以来の「政治改革」・「行政改革」等々によって具体化されてきた、日本の「実質的憲法」をある方向に変革する動きを、かなりの程度忠実に反映するものといえます。

まず、「政治改革」の要として行われたのが、衆議院に小選挙区比例代表並立制を導入する選挙制度改革（１９９４年）です。それまでの中選挙区制では、同じ選挙区のなかで同一政党の候補者が相討ちとなるため、政策競争ではなく金権選挙の弊害をうみ、党中央の統制が効かずに派閥政治に象徴される不透明な意思決定が温存される、という批判が高まりました。また、55年体制と呼ばれた自民党の長期支配がさまざまな癒着・腐敗の構造をもたらしてきたことから、政権交代を可能とする選挙制度の必要性も強く説かれました。

さまざまな思惑が交錯した末に、定数1の小選挙区制を基本とし、比例代表制を加味した折衷的な選挙制度ができあがりました。小選挙区選挙の優位（現在は、小選挙区289、比例代表176議席）と、比例選挙が全国11ブロックを単位として行われることからすると、比較第一党（せいぜい第二党まで）にかなり有利な制度といえるでしょう。この改革が、二大政党間の政策競争と政権交代による議会政治の活性化（いわゆるウェストミンスター・モデル）を、追求すべき「理想」として描いていることは疑いありません。

またこのとき、政治家個人に対する企業・団体献金を制限する見返りと称して、国庫負担による政党助成制度が導入されました。こうした政党本位の制度改革の結果、候補者の公認権や政治資金の配分権などをつうじて、党内における執行部の権力が格段に強まり、かつては派閥の連合体とみられていた自民党は、トップダウン型の意思決定を可能とする一元的な権力構造に近づいていったと考えられます。

つぎに、1990年代後半から進んだ「行政改革」です。ここでは主として、政（内閣）の官（官僚機構）に対する主導性を確立することが目標とされました。橋本内閣の時代には、中央省庁を再編して縦割り行政を排し、行政組織のスリム化をはかる一方で、首相のリーダーシップを発揮させるために内閣機能の強化がはかられました。より具体的にいえば、内閣法改正によって首相が重要政策に関する基本方針を閣議において発議できることが明確にされたほか、首相を補佐する内閣官房のスタッフと権限が強化され、経済財政諮問会議（議長は首相）などの重要会議を所管する内閣府が新設されています。

こうした選挙制度と行政機構の改革をつうじて構築されたのは、「首相支配」ともいわれる新しい統治の枠組みです。2001年に1府12省庁制（2007年に防衛庁が省になり、現在は1府12省）がスタートし、小泉政権が誕生したことは一つの画期だったといえるでしょう。自民党派閥間の力学よりも、国民の「人気」を支えにした長期安定政権が可能になったことは、明らかにそれまでにない事態でした。2005年の郵政民営化解散で単一争点に絞った

「国民投票」的総選挙に圧勝し、民営化に反対する衆参両院の与党議員を力でねじ伏せたことは、「人気」という名の世論に直接結びついた首相権力の大きさを強く印象付けるものだったといえます。

小選挙区制では、候補者個人の実力よりも、所属する政党党首の「顔」と党の政策パッケージの優劣が当選に決定的な意味をもちます。２００３年に二大政党の一翼を担うべく自由党と合流した民主党は、いち早くマニフェスト（政権公約）を作成し、総選挙に二大政党間の政権選択選挙としての意味づけを与えることを訴えました。このようにウェストミンスター・モデルの追求は、民主党の方がより多く力を注いできたテーマといえますが、２００９年の総選挙に民主党が圧勝し、初めて本格的な政権交代が実現したことは、当時、その大きな成果と考えられました。

しかし民主党政権はさらなる政治主導の実現を目指したもののすぐに失速し、２０１２年総選挙によって再び自公政権に交代して、それ以降は政権交代の見込みのうすい「安倍一強」の政治状況がつづいています。その第二次安倍政権のもとで、国家安全保障会議（日本版ＮＳＣ）の創設や、中央省庁の幹部人事を官邸に一元化する内閣人事局の設置などが行われたことは（２０１４年）、これまで述べてきたような「首相支配」の構造をさらに一歩先に進めるものにすぎません。その裏で、近年明らかになってきたいわゆる「忖度政治」は、官僚機構の中立・公平性が損なわれ、適法性を犠牲にしてまで官邸の意向にすり寄るという病理が静かに拡がっていることを物語っています。

こうして「理想」としての二大政党間の政権交代という錦の御旗のもとに四半世紀もつづけられてきた統治構造改革は、いまだその目標に到達しないまま、首相権力の集中だけをおしすすめたことになります。安倍首相が、批判に対して真摯に耳を傾けない「全能感」を抱いているようにみえるのは、彼のパーソナリティーに由来するだけでなく、首相に対する抑制機能を解除してきた機構改革の負の遺産という要素もあることは否定できないでしょう。そして、後者はこの先、誰が首相であってもつづいていく構造的な問題をはらんでいるはずです。

3　「強い」参議院と両院制の意味

統治構造改革については、まだ何が行われていないか、を考えることも重要です。議会制について手付かずのテーマのなかで最大のものは、参議院改革の問題でしょう。参議院については、衆議院と異なって１９９０年代以降に

（比例選挙の拘束名簿式から非拘束名簿式への変更を除けば）大規模な選挙制度改革は行われておらず、「衆議院のカーボンコピー」と揶揄されたかつての時代とはうって変わって、近年ではむしろその意外な「強さ」の是非が論議されるようになってきています。

憲法が定める衆議院と参議院の違いは、実はそう多くはありません。まず、組織面からみれば、任期が4年（ただし解散による終了あり）と6年（ただし3年ごとに半数改選）という違い（憲法第45条、第46条）があるにすぎません。また、権限についてみれば、予算について衆議院に先議権が認められ（憲法第60条1項）、予算・条約承認・内閣総理大臣指名について両院の議決が異なったときには最終的に「衆議院の議決を国会の議決とする」（憲法第60条2項、第61条、第67条2項）ほか、法律案について衆議院が可決しても参議院がこれと異なる議決をしたときには「衆議院で出席議員の3分の2以上の多数で再び可決」すれば成立する（憲法第59条2項）、という違いがあります。

こうした権限の違いは、ふつう「衆議院の優越」として説明されるものですが、最も重要な法律の成立について、3分の2という再可決要件は実際上きわめて高いハードルです。そうだとすれば、憲法は、少なくとも立法については両院の意思が完全に合致することを原則的に要求しているとみることができるでしょう（意思のすり合わせの場として「両議院の協議会」（憲法第59条3項）が用意されていることもこれを裏づけています）。この点において、参議院が衆議院とほぼ対等な権限を保持していることは、両院がともに「全国民を代表する」機関として対等な憲法上の民主的正統性を認められている（憲法第43条）ことに見合ったものといえます。

この参議院の「強さ」がはっきりと認識されるようになったきっかけは、衆議院への小選挙区制導入によって「風向き」次第で急激に多数派が交代する可能性が生じたことにあります。両院の過半数をともに政権与党が握っている状態では表面化しませんが、衆議院多数派が大きく入れ替わり政権交代が実現する前後には、衆議院と参議院の多数派が食い違う「ねじれ」現象が生じることはむしろ自然であるといえるでしょう（これは上にみた任期の違いから通常、両院の選挙期日が異なることにもよります）。このとき参議院の「強さ」は、対決法案の成立を阻む大きな要因となります（いわゆる「決められない国会」）。

２００７年から２０１３年（但し２００９年から２０１０年を除く）にかけて「ねじれ国会」が常態化したことによ

って、参議院の「強さ」は憲法改正の一テーマとしてクローズアップされることになりました。ウェストミンスター型の二大政党制と対等型の両院制は、本来的にソリが合わないといえます。ひとたび参議院を制して政権奪取の足がかりを得た野党勢力は、次の衆議院選挙の勝利を期して対決姿勢を強めるのが合理的な行動ですから、両院の意思が合致しなくなるのは当然です。

ここから発生する「決められない国会」を回避するためには、参議院の権限を弱める（再可決要件を切り下げる）か、鋭い二大政党間の対立を緩和する（柔軟な政党間調整を取り入れる、あるいは穏健な多党制を促す選挙制度に変更する）か、二者択一が求められることになります。前者は憲法改正を要しますが、後者は法律ないし運用の変更によって可能です。どちらが容易かといえば断然後者ですが、ウェストミンスター・モデルを諦めない人たちは敢えて憲法改正を求めるかもしれません。果たして、参議院の権限を弱めることに固有の危険はないでしょうか。

これは日本国憲法の両院制の意義をどう捉えるか、という問題と関係してきます。先ほどみたように、憲法上、衆議院と参議院の違いはごくわずかでした。参議院の組織的な特色は、①長い任期（→長期的視野の確保）、②半数改選制（→構成員配置の穏やかな変化）、③解散なし（→内閣のタイミング選択による構成員入れ替えから免れる）、という三点にあります。こうした独自の構成をもつ参議院に、衆議院とほぼ対等の権限で立法に関与させることによって、「再考の府」として拙速な立法（ひいては朝令暮改による混乱）を退ける役割が期待されているといえるでしょう。とりわけ③は重要であり、内閣が任意に決定できない「時点」の、衆議院とは異なる民意が参議院に代表されることは、多様な国民意思を立法に反映させることにつながっているはずです。

再可決要件を切り下げて参議院の権限を弱めることは、こうした両院制の存在意義を大きく損ないます。仮にそれが実現すれば、小選挙区制によって政権選択としての意味を高めた一回の衆議院総選挙の結果が、内閣の選択のみならず次の総選挙までの政府提出法案の成立をほぼ自動的に約束することになるでしょう。いわんや「政権交代による政策競争」が確立の途についたとはとてもいえない現状では、国民は立法をコントロールする力を半永久的に失うことにもなりかねません。参議院の「強さ」は、「安倍一強」による「決めすぎる政治」のもとで、最も手放してはならないものの一つです。

4 「期日決定権力」としての解散権の規律

移ろいゆく民意を法律という国家意思に定着させる議会制民主主義のプロジェクトにとって、「時の運（Fortuna）」はきわめて重要な要素です。期日を決定できることは、「時の運」を味方につけられることを意味します。本章の冒頭にみたような安倍内閣の臨時会召集義務違反には、実質的にこの「期日決定権力」の濫用という側面が含まれています。２０１５年10月の召集要求拒否は、同年9月に成立させた新安保法制に対して国会内外にくすぶりつづける根強い違憲論を沈静化させる「時間稼ぎ」の意味があったはずです。

衆議院の解散決定は、国会召集の決定以上に、国会運営を大きく左右します。内閣の衆議院解散権という総選挙の「期日決定権力」は、衆議院の議員構成自体を大きくコントロールしうる可能性を秘めているからです。政権与党の議員であっても、実質的な「解雇権」に相当するこの権力の前には怯えおののくはずです。

この「期日決定権力」の濫用ではないかという強い批判を浴びたのが、これも先にふれた２０１７年9月の臨時国会冒頭解散です。「少子高齢化と北朝鮮情勢の緊迫化に対処するための国難突破解散だ」という首相の言に、この時点の解散を正当化する説得力は乏しく、自身のスキャンダルや野党の混乱を睨んで「今なら負けない」というごく利己的な理由で解散決定がなされたという印象は拭えませんでした。

憲法上、明確に衆議院解散を決定できる場合として規定されているのは、「衆議院で不信任の決議案を可決し、又は信任の決議案を否決したとき」（憲法第69条）のみです。しかし、実務上はこの場合に限らず、「衆議院を解散すること」（憲法第7条3号）という国事行為への「助言と承認」（憲法第3条、第7条）をつうじて、内閣に決定の広い裁量が与えられていると考えられています（ただし、国事行為は「国民のために」（憲法第7条）行わねばならない、という限定も付されています）。憲法学説の多くも、これを確立した実務として承認する姿勢をとっていますが、解散決定できる場合は一定の憲法習律によって縛られているという議論も有力になされています。

解散権の行使は、民意を代表する一つの議院の全構成員を入れ替える始動作用ですから、そのタイミングを選んだ実質的根拠は、説得力をもって国民に示されなければなりません（一般的には、不信任決議に至らなくとも内閣と衆議院の意思の開きが大きくなったり、前回総選挙で問われていない重大な争点が浮上したりして、国民の判断を仰ぐ必要が生じた場合でしょう）。総選挙では解散決定の理由自体も、大きな争点として国民は吟味すべきことになります。

ウェストミンスター・モデルを「理想」として突き進んできた日本の政治家には、この解散権を「首相の専権」として、内閣（閣議）の判断からも切り離し、名実ともにその自由裁量的・専断的な性格を強化しようとする性癖があります。たとえば、２０１２年の自民党「日本国憲法改正草案」（以下、「自民党草案」。ここでは「日本国憲法改正草案Ｑ＆Ａ（増補版）」（２０１３年10月）に拠ります。）では、「行政各部の指揮監督・総合調整」、「最高指揮官としての国防軍の統括」とならんで、「衆議院解散の決定」をはっきりと首相の権限として明記する憲法改正を提案しています。

しかし皮肉なことに、ウェストミンスター・モデルの母国イギリスでは、２０１１年議会期固定法によって、首相の裁量的な解散権行使は大きく封じこめられることになりました。

この法律は、まず、庶民院（下院）総選挙の期日を固定する（２０１５年5月7日を皮切りに5年ごと）ことで、「期日決定権力」の発動の余地を原則的になくそうとします。そのうえで、早期に総選挙をおこなうことができる2種類の例外を設け、①庶民院総議員の3分の2以上の賛成で早期総選挙決議がなされたとき、または②庶民院で政府不信任決議案が可決されたのち14日以内に信任決議案が可決されないとき、早期総選挙の期日が首相の助言にもとづき決定されることになります。これは、もともと「国王陛下の大権」の名残である下院解散権の行使に、下院自身の関与を大きく取り入れることによって、現代にふさわしい民主的正統性を備えた透明な権力に衣替えすることがその狙いと考えられています。

日本では、一つのドグマと化した俗流ウェストミンスター・モデルが無反省に追求されてきた結果、衆議院総選挙が国民意思の集約にとってもつ意味は、過剰な肥大化を遂げました。この方向へさらに邁進すれば、総選挙は、官僚機構に対しても自党議員に対しても強力な支配力を掌握するに至った首相を、その政策パッケージとともにYes or Noというかたちで信任する擬似的な「国民投票」に限りなく近づいていきます。またそれとともに、個々の国民が政治的決定に重大な影響を与えうるルートはますます狭く細くなり、最期には総選挙での二択しかない一票だけが残される寒々とした未来がやってくるかもしれません。

そういう趨勢のなか、総選挙のタイミングさえ操作できる内閣（首相）の「期日決定権力」を無規律のまま放置しておくことは、民主主義にとってきわめて危険なことではないでしょうか。「選挙による独裁」とは、この方向が行きつく終着点を指ししめすことばでしょう。そのとき責任政治は、事実上消滅します。

5　責任政治の再生のために――「上からの憲法改正」批判――

現在の最有力な政治勢力が、議会制と選挙制度の全般について今後、何を優先課題としているのかを知るには、先にとりあげた２０１２年の「自民党草案」が一つの手がかりになります。

「自民党草案」が最終的には盛り込まなかったものの、「最も大きな議論のあったテーマ」だったのはほかならぬ一院制の採否で、「一院制を採用すべき」との意見も多く出されたようです。「強い」参議院とウェストミンスター・モデルの不整合はやはり大きな課題として意識されていることが伺えます。また、先にみた法律案再可決要件の緩和問題についてもかなり議論されたようですが、改憲提案は見送られています。

つぎに、内閣の閣議決定を要しない三つの「首相の専権」を独立に規定する改憲提案は先にふれたところですが、その解散決定権について、不信任案可決（ないし信任案否決）以外の場合を憲法上明示すべきだという意見は、「憲法慣例に委ねるべきだ」という大勢に押し切られたようです。現状に手をつけず、首相のフリーハンドを確保しておきたいということでしょう。

しかし、「首相の専権」について最も注意すべきことは、実はその先にあります。「自民党草案」は、「行政権は、内閣に属する」とする現憲法第65条を、「行政権は、この憲法に特別の定めのある場合を除き、内閣に属する」と改め、「首相の専権」もこの「特別な定め」として位置づけます。この結果、「内閣は、行政権の行使について、国会に対し連帯して責任を負ふ」（憲法第66条3項、「自民党草案」も同旨）という対国会連帯責任の対象から、「首相の専権」が除外されます。「首相の専権」はあたかも戦前の統帥権のように議会の統制から免れ、責任政治の領域にポッカリと「大権政治」の空白地帯がうまれることになるわけです。

内閣および首相は国会に対して、国会は国民に対して、あらゆる行為につき完全な政治責任を負い、国民主権を日常政治（normal politics）において実質化させることは、日本国憲法の根本原理の一つです。その責任の連鎖に大きな破断部分をもうける「自民党草案」は、それに加えて小さな部分でも責任政治を浸食しようとします。首相や大臣の国会出席義務（現憲法第63条）に「職務の遂行上特に必要がある場合」の例外をもうけるのは、端的に国会に対する説明責任の一部解除にほかなりません。また、両院の議事定足数（憲法第56条1項）を削除することは、議決に到るまでの国会の充実した審議の責任を骨抜きにすることでしょう。現状でさえすでに日本の国会は世界に冠たる「審議過少議会」だというのに、です。

第三に、「自民党草案」は、「議会制民主主義に不可欠な存在」である政党に憲法上の位置づけを与えています。条文としては、政党の「活動の公正の確保及びその健全な発展」に努力する義務を国にかすとともに、「政党の政治活動の自由」を保障し、そのほか「政党に関する事項」を法律で定める、となっています。新たな政党法の内容については、「党内民主主義の確立、収支の公開」などを想定しているようです。

この政党条項は、政党本位の選挙制度へとシフトしてきた現状を追認しようとするものと考えられますが、選挙運動や政党助成などですでに優遇されている既成政党の特権を固定化する役割や、各政党の内部組織に介入する新たな法律を立法裁量として正当化する機能を果たしうることにも注意が必要でしょう。新党結成は、結社の自由（憲法第21条1項）として広く国民に保障されているはずですが、現行法でもすでに国会進出への過大なハードルが存在しているのかもしれません。もしそうだとすれば、ここでも国民の政治責任追及の途は不当に狭められていることになります。

第四に、選挙制度と一票の格差の問題についても、「自民党草案」は新たな提案をしています。現憲法第47条は、両院の「選挙に関する事項」は法律で定めるとしていますが、「自民党草案」は、これに「各選挙区は、人口を基本とし、行政区画、地勢等を総合的に勘案して定めなければならない」という後段を追加しています。これは２０１１年3月23日判決が衆議院小選挙区選挙（格差2・3倍）について違憲状態と判断したことを皮切りに、一票の格差に対する最高裁の姿勢が厳格になったことを受けて、選挙区は「単に人口のみによって決められるものではない」ことを明記し、人口比例原則の緩和を狙ったものです。

参議院選挙区選挙についても最高裁の２０１２年10月17日判決と２０１４年11月26日判決が、違憲状態（それぞれ格差5・00倍と4・77倍）と判断し、都道府県を単位として定数を設定する方式の見直しを求めたのを受けて、2015年の法改正では二つの合同選挙区（鳥取県と島根県、徳島県と高知県）が誕生しています。合区に不満のつよい自民党では、最近示している改憲4項目の一つに、参議院選挙では広域の地方公共団体を選挙区とする場合、「改選ごとに各選挙区において少なくとも一人」を選挙すべきことをあげています（自民党憲法改正推進本部「憲法改正に関する議論の状況について」（2018年3月26日））。

しかし投票価値の平等は、主権者である国民各人の完全な対等性（一人一票原則）から原理的・機械的に要請されるもので、責任政治の最も初歩的な前提でもあります。それほど重大な原理の適用を緩和させるのに、行政区画、地勢、地域的一体性などの曖昧かつ人為的・流動的な指標を準正統的なものとして扱うのは、本来的になじまないのではないでしょうか。また、合区を解消するためだけの改憲案は、「全国民を代表」（憲法第43条）する参議院の本質論をおきざりにしています。

最後に、この「自民党草案」にも責任政治への敬意が皆無ではないことを指摘しておかなければ、公平を欠くでしょう。憲法第53条は、臨時会召集要求に対して内閣がこれに応じる期限をもうけていない問題については何度もふれましたが、「自民党草案」は、まっとうにも「要求があった日から20日以内」の召集決定を義務づけました（ただし、与党時代の自民党「新憲法草案」（2005年）にはなかったことを考えれば、野党時代だからこその提案ともいえそうです）。内閣の「期日決定権力」をあらかじめ縛っておくことは、責任政治の要諦です。

今となって考えれば、ここからわずか3年後の自民党総裁（首相）が、みずからこの提案の趣旨を反故にする行動を取ったのですから、私たちは「自民党草案」全体の真実味を本気で疑ってかからなければならないでしょう。「上からの憲法改正」は、所詮、権力者がご都合主義でお手盛りの権力肥大化を求める方便にすぎません。私たちの真剣な検討にあたいする改憲案──日本国憲法の本質を受け継ぎ、その制度を発展・深化させるもの──が今後もし出てくるとしたら、それは明治前期の私擬憲法案のように権力中枢から遠くはなれた市井の勉強家のなかからしかないのではないでしょうか。

国家予算と防衛費

東京理科大学教授
柏﨑敏義

1　財政とは

(1)　財政の意味

財政は国家の顔ともいわれます。なぜならば、国は国民が納めた税金を元手に、集まったお金が十分あるかどうかを確認し、なににいくらお金を使うかを決めます。その時お金が十分集まらなくて苦しい状況にあると苦い表情として現れ（財政破綻）、逆にお金が十分集まると心配ないよと穏やかな表情として現れる（豊かな国）ということです。以上をまとめると、財政とは、国や地方公共団体（都道府県や市町村）が行政活動などを行うために資金を獲得し、管理し、使用する活動のことをさします。身近なところでは税金を徴収する仕事がそうです。

(2)　財政のルール

この財政活動は国家権力によって運営されることから、放置すると権力が暴走して国民に少なからず悪影響をもたらす危険があります。そこで国の活動に対してコントロールが必要であると考えられます。日本国憲法第83条は「国の財政を処理する権限は、国会の議決に基づいて、これを行使する」と定めています。

(3)　財政はみんなのもの

この憲法第83条の意味は、国会中心財政主義、つまり財政を国民の代表機関である国会の強い統制の下に置くということです。これは国の財政のあり方を主権者国民＝わたしたちに委ねる財政民主主義につながります。したがって、財政はみんなのものですから、人権を護ったり、福祉を充実させたり、平和を実現したりするために行われなければなりません。

2 財政に関する情報公開

財政はみんなのものですが、実際に財政を動かすのは国会や内閣です。そこには財政技術とでもいえる専門性があります。専門性と聞くと難しい、近寄りがたいというイメージがあります。だからあまり関わりたくありません。しかし、関わらないでいると国会には立法裁量、内閣には行政裁量という打ち出の小槌みたいなものがあるので、私たちが知らないうちにいろんなことが決められていきます。ちなみに、裁量とは、自分の考えで問題を判断し処理すること（『大辞林』）を意味します。気がついたときには、えっ！こんなことが決められていたの、ということになります。そうならないためには、国会や内閣がなにかを決める前に財政に関わる情報を正確に私たちに提供される必要があります。

3 財政統制・赤字公債と健全財政主義

(1) 財政統制

財政の運用に関して憲法は詳細な規定をおいていないので、多くを立法に委ねざるを得ません。たとえば、財政法第4条は公債発行を原則禁止しています。しかし、1965年に特例公債法が制定され、いわゆる赤字公債が初めて発行され、1975年の第1次オイルショック以降ほぼ毎年発行されてきています。2018年の予算は97・7兆円であり、公債は33・7兆円が発行され、そのうち27・6兆円が赤字公債です。公債依存度は34・5％にもなります。たしかに特例法を制定すれば赤字公債の発行ができますので、赤字公債を発行すること自体は法律違反ではありません。しかし、財政はみんなのものという見方からすれば、国民が支払った税金が適切に使われなければなりませんので、健全な財政運営という点からすれば問題があるといわざるを得ません。健全な財政とは歳入と歳出のバランスがとれている状態をいいます。健全な財政は国民が求めるところであり、憲法もそれを求めているといえます。

(2) 財政の健全化のために

財務省のホームページを見ると、データが2010年とちょっと古いのですが、多額の国債発行が積み重なり、国際的にも歴史的にも最悪の水準にあり、太平洋戦争末期と同水準とのことです。

では、財政を健全化するためにはなにが必要でしょうか。それには歳出を減らし、歳入を増やすことにつきます。とくに歳出に関しては、財政は国民みんなのお金なので、国は国民の利便に資するように支出しなければいけません。逆に言えば、国民のためにならない支出は認められません。

4　予算

(1)　支出しては行けないお金

憲法との関係で見れば、憲法が禁止している事柄への財政支出は絶対に認められません。真っ先に思いつくのはなんでしょうか。そう、防衛費（軍事費？）です。日本国憲法第9条は戦争放棄を謳い、それを実現するために軍事力を持たないとする大原則を書いています。それを素直に受け止めると防衛費は不要のものとなるはずです。

２０１８年度予算97・7兆円における防衛関係費は5・2兆円で、全体の5・3％であり、対ＧＤＰ比は0・920％です。予算全体で見ればたった5・3％にしか過ぎませんからたいした額ではないとの見方もあるかもしれませんが、文教及び科学振興費（オリンピック・パラリンピックの準備にかかる費用はここに含まれています）が5・3兆円、全体の5・5％と比較すると、いかに大きい額かわかると思います。２０１７年度の防衛関係費より６６０億円増え、２０１９年度の概算要求では5・3兆円で、さらに1千億円の増額になりそうです。

(2)　ＧＤＰ比とはなに？

１９７６年に当時の三木武夫内閣が、軍事大国にならないための歯止めとして防衛費について「当面、国民総生産（ＧＤＰ）の１００分の1に相当する額を超えない」とする閣議決定をしました。１９５２年はＧＮＰの２・78％でしたが、その後ＧＮＰが上昇し１９７０年には０・79％まで下がりました。しかし、１９８７年度予算では人件費や兵器の高騰等の要因もあり中曽根内閣は1％枠の撤廃を決め（総額明示方式へと転換した）1・００４％となり、翌88年度は1・０１３％、89年度1・００６％と3年連続で1％枠を超えました。また、２０１０年度民主党政権下で米軍再編経費などを含め1％枠を突破しましたが、それ以外はこの1％枠は予算編成上守るべき基準として意識されてきたといえます。

ちなみに、ＧＮＰとは国民総生産といいます。一国において一定期間に生産された財・サービスの総額をいい、経済指標として広く利用されてきましたが、現在は多く国内総生産（ＧＤＰ）を用います。1年間に国内で新たに生産された財・サービスの価値の合計です。国民総生産から海外での純所得を差し引いたものを意味します（広辞苑）。以前は日本の景気を測る指標として、主としてＧＮＰが用いられていましたが、現在は国内の景気をより正確に反映する指標としてＧＤＰが重視されています（１９９３ＳＮＡの導入に伴い、ＧＮＰの概念はなくなり、同様の概念としてＧＮＩ（Gross National Income）＝国民総所得が新たに導入されました）。

(3) 防衛費

現政権になって毎年防衛関係費が増額されてきていますが、その考え方の基本にあるのは、２０１７年3月2日の参議院予算委員会での、「アジア太平洋地域の安全保障環境等々を勘案しつつ、財政状況もあるなかで、効率的に我が国や日本人の命を守るために必要な予算を確保する考えで、1%という上限があるわけではない」という安倍総理大臣の発言に現れています。

２０１３年度以降6年連続の増額で、3年連続して5兆円を超えています。確かにＧＤＰ１%枠を超えてはいません。しかし、前述したように、２０１８年度予算97・7兆円における防衛関係費は5・2兆円で、対ＧＤＰ比は０・９２０%で、予算全体の5・3%にもなります。このことを私たちはもっともっと強く意識した方がいいと思います。

なお、２０１７年度と２０１８年度の予算全体を比較すると、２０１８年度は主要経費が軒並み減額されています。国債費も金利低下による利払費が減ったことにより２２６５億円、前年比1%減となっています。その中で突出して増額しているのが社会保障関係費1・5%増額（４９９７億円増えて32兆９７００億円）と防衛関係費1・3%増額（６６０億円増えて5兆２０００億円）です。この両者を比較すると金額的には圧倒的に社会保障関係費が多いのですが、その内容は医療、年金、介護、福祉など私たちの日常生活に必要不可欠の費用となっています。それに対して防衛関係費は、これまで述べてきたように、本当に必要な費用なのでしょうか。

5 最近の気がかりなこと

(1) 防衛関係費に関わる最近の話題

防衛関係費に関わる最近の話題はなにがあるでしょう

か。普段のニュースを見聞きしていると防衛関係のニュースは日常茶飯の当たり前の情報と感じてしまいそうですが、ちょっと一息ついて見渡してみましょう。

イージス・アショアという陸上配備型迎撃ミサイルシステムの配備が話題になっています。弾道ミサイル攻撃に備えるものですが、2基で6000億円以上かかるそうです。防衛省・財務省は1基の取得に7億円と述べていましたから、金額が大分異なります。1年間での予算でまかなえる金額ではありません。このシステムから発射される日米共同開発の新型迎撃ミサイルSM－3ブロックⅡAおよびSM－3ⅠBの取得に1式627億円、ミサイルは1発40億円以上といわれます。配備は当然1発で足りるわけではありません。仮に100発とすると4000億円になります。

ほかにも、最新鋭ステルス戦闘機F35Aを6機785億円、護衛艦2隻922億円、潜水艦1隻697億円、敵基地攻撃能力に転用可能なスタンド・オフ・ミサイルの導入に22億円など、一見何でもなさそうな普通の装備の整備のようです。しかしたとえばスタンド・オフ・ミサイルを導入するということは確実に戦闘行為を行うことを意識しているということになります。

スタンド・オフ・ミサイル（stand-off missile）とはなんでしょう。まず、スタンド・オフとは、脅威圏外つまり離れていることを意味します。相手（敵）を脅威と感じるラインより外にあることをいいます。つまり、戦闘機は自らを安全な場所において、敵の防空システムの有効射程外から空対地ミサイルを発射して敵を攻撃することができることになります。

2018年度防衛関係予算に盛り込まれていませんが、高高度防衛ミサイル（THAAD）は一時期その導入が話題になりました。THAADとは、すでに配備されているパトリオットPAC－3よりもより高度の、大気圏外で敵の弾道ミサイルを迎撃するミサイルです。2017年のニュースですが、在韓米軍に配備するTHAADの費用は10億ドル（約1110億円）といわれていました。また、ヘリ空母といわれているいずも型ヘリコプター搭載護衛艦を空母（航空母艦）に改修する構想もあります（2018年3月2日（金）の参院予算委員会で、安倍総理大臣はいずもの空母化を示唆しています）。予算に組み込まれていませんから改修金額は不明ですが、建造費は1139億円かかっています。この「空母」にはF35B戦闘機という前出のF35A戦闘機の空母艦載機型（短距離離陸・垂直着陸（STOVL）

型）を搭載することが検討されています。空母への改修は攻撃型空母の完成を意味することになり、まさに空母を中心として攻撃が可能となるということです。

１９２１年のワシントン軍縮会議では、空母を「水上艦船であって、専ら航空機を搭載する目的を以って計画され、航空機はその艦上から出発し、又その艦上に降着し得るように整備され基本排水量が1万トンを超えるものを航空母艦という」と定義しています。

⑵　軍事研究費

現代の高度な科学技術の研究は大学など研究機関においてにおいて推進されます。しかし、たとえば国立大学の運営交付金は２０１７年度には1兆９７１億円でしたが、２０１８年度も変わらず1兆９７１億円でした。私学助成は２０１７年度には３１５３億円でしたが、２０１８年度は３１５４億円と1億円の増額にとどまっています。いわゆる科研費（科学研究費助成事業）も２２８４億円が２２８６億円と2億円増額にとどまっています（科学技術予算は全体で約４０００億円程度）。このことは一言で言えば大学や研究機関の研究費が削減されているということです。これではなかなか研究は進められません。

ところが、防衛省設置法第4条14号「装備品等の研究開発に関すること」、15号「前号の研究開発に関連する技術的調査研究、設計、試作及び試験の委託に基づく実施に関すること」という規定に基づいて、防衛装備庁の安全保障技術研究推進制度ができあがりました。研究費不足状態への「あめ」のプレゼントです。これは防衛分野での将来における研究開発に資することを期待し、先進的な民生技術についての基礎研究を進めるものです。この研究資金が、２０１６年度には6億円だったものが２０１７年度は１１０億円にも急増しました（防衛装備庁の予算規模は約1兆6千億円で防衛予算全体の3分の1以上になります）。これは、武器輸出三原則を排斥し防衛装備移転三原則にすることによって、武器の製造・輸出が原則解禁となったことにあわせて、産官学による歯止めのない軍事研究の推進を意味します。たとえば、アクティブ・フェイズド・アレイ・レーダー技術は自動車のＥＴＣや衝突防止装置に応用されるなど、私たちの生活に密接に関わる技術も多くありますが、なんのために研究を進めるのかの重点がどこにあるかをみれば、民生研究ではないことは一目瞭然でしょう。

⑶　緊急事態の予算

自民党改憲草案に緊急事態条項があります。その第99条1項は「緊急事態の宣言が発せられたときは、法律の定めるところにより、内閣は法律と同一の効力を有する政令を制定することができるほか、内閣総理大臣は財政上必要な支出その他の処分を行い、地方自治体の長に対して必要な指示をすることができる。」と定めています。明治憲法第70条1項も「公共ノ安全ヲ保持スル為緊急ノ需用アル場合ニ於テ内外ノ情形ニ因リ政府ハ帝国議会ヲ召集スルコト能ハサルトキハ勅令ニ依リ財政上必要ノ処分ヲ為スコトヲ得」と似たような規定をおいていました。

緊急事態は必ずしも有事だけを想定しているわけではありませんが、わざわざこのような規定を置く意味は主として有事を想定していると推測できます。財政に関わる重要なことは国会を通さず内閣総理大臣がすべて決めるということです。これは財政民主主義の崩壊です。自民党のQ＆AのQ35で「緊急の財政支出の具体的内容は、法律で規定されます。予備費があれば、先ず予備費で対応するのが原則です。」という回答が掲載されていますが、ヘンな回答です。まずそもそも緊急の財政支出ですから、その都度の具体的内容を法律で決めることはあり得ません。また、予備費で対応するのが原則とのことですが、予備費はここで懸念される緊急事態に対応するために設けられているわけではありません。また、「緊急の財政支出は、（国会の）承認が得られなくても既に支出が行われた部分の効果に影響を与えるものではないと考えます。」とも述べていますが、国会のチェック機能を骨抜きにするものといえます。

行政の長に過ぎない内閣総理大臣に、国民の大事なお金を任せてはいけません。

⑷　つけを後に回さない

最後に、日本国憲法は予算単年度主義と会計年度独立主義を採用しています。予算単年度主義とは、1年を単位として毎年度歳入歳出予算を編成し国会が議決することです（第86条「内閣は、毎会計年度の予算を作成し、国会に提出して、その審議を受け議決を経なければならない。」）。会計年度独立主義とは、ある年度の経費はその年度の歳入をもって支弁することといいます（財政法第12条）。これらの考え方からすると、つけはきかないということです。

ところが、財政法第14条の2第2項は「国が支出することができる年限は、当該会計年度以降五箇年度以内とする。」という規定をおいてつけを認め、さらに政府は２０１５年に特定防衛調達に係る国庫債務負担行為により支出すべき年限に関する特別措置法を制定し、第2条1項は「国が特定防衛調達について債務を負担する場合には、当該債務を負担する行為により支出すべき年限は、当該会計年度以降十箇年度以内とする。」として、つけの延長を認めたのです。

整理するとこうなります。2018年度防衛関係費は①人件・糧食費（2兆1850億円、全体の42％：職員の賃金、自衛隊員の食費など）、②歳出化経費（1兆8898億円、全体の36％：17年度以前の契約に基づき18年度に支払わねばならない経費）、③一般物件費（1兆1163億円、全体の22％：18年度の契約に基づき、18年度に支払われる経費）となっています。①と②はすでに支出することが決まっていますので、新しく物（武器）を買うために使えるのは③です。F35A戦闘機6機785億円、新型潜水艦1隻697億円、新型護衛艦2隻922億円、イージス・アショア2基＋ミサイル100発1兆円、など高額商品が並んでいます。さて、どうやってこれらを調達するのでしょうか。それが10年のつけすなわち後年度負担です。

防衛関係予算をみると「新規後年度負担」として2兆1164億円が計上されています。これは2018年度に契約をして2019年以降に支払うことを意味しますので、2018年度に調達できる総額は③一般物件費1兆1163億円＋後年度負担2兆1164億円＝3兆2327億円となるわけです。以上が新規に調達できる金額ですが、2018年度は②歳出化経費として1兆8898億円の支払いがあるので、2018年度の装備調達にかかる実際のお金は5兆1225億円にもなるのです。ただ、たとえばF35A785億円を2018年にいくら支払うのか、2019年にいくら支払うのかの情報は示されていません。

予算単年度主義と会計年度独立主義という原則はどこ吹く風です。

日本国憲法の「地方自治」保障と「真の地方分権型社会の実現」

東亜大学大学院特任教授
根森　健

1　はじめに——全国の市町村の半数が消滅する恐れ？ 必要なのは、真の「地方自治」

「地方からの人口流出がこのまま続くと、２０４０年までに全国の市町村の半数（約９００）に消滅のおそれ（消滅可能都市）が生じる」とする、民間の「日本創成会議」人口減少問題検討分科会の提言（いわゆる「増田レポート」）が２０１４年5月に出され、日本中が衝撃を受けたことは、まだ記憶に新しいのではないでしょうか。このレポートは、「地方から大都市への『人（とくに若者）の流れ』を変えること」、「特に『東京一極集中』に歯止めをかけること」をその基本目標に置いた「地方元気戦略」等に取り組むための組織の設置、その下での長期ヴィジョンと総合戦略の策定を促すものでした。

このレポートが公表されたこともあって、国レベルでは、２０１４年9月に発足した第二次安倍改造内閣が、「地方創生」を「地方分権改革」と並ぶ重点政策として掲げ、地方の人口減少に歯止めをかけるとともに、地方の自律的な活性化を促して国全体の活力を上げることに取り組むこととし、２０１４年11月に可決・成立した地方創生関連二法に基づいて、地方創生関係諸交付金や諸特区制度の導入が行われました。それにもかかわらず、政府自身の17年12月の中間評価でも、「各種施策の効果が十分に発現するに至っていない」というのが現状です。

一方、この耳に心地良い「地方創生」が喧伝される中、１９９５年から20年間にわたって取り組まれてきた肝心の「地方分権（改革）」の方は最近の政府の施策の中ではあまり目立たなくなっています。しかし、真の「地方創生」には、「それぞれの地域が、個性豊かな、活力ある社会を形成することが必要となり、これはまさに『地方自治』のあるべき姿（＝真の地方分権型社会）の実現とも重なる」（徳島県「地方自治に関する憲法課題研究会」報告書）のだということが再認識されるべきです。

2 憲法政治における日本国憲法の地方自治の保障の「軽視」

(1) 憲法政治における「地方自治」の「軽視」

日本国憲法には、天皇主権から国民主権への転換の下、その第8章として「地方自治」が新たに設けられました。しかし、「第2章　戦争の放棄」とともに、日本国憲法の施行以来の憲法政治の中で、とくに大きく軽視され続けてきたのが「第8章　地方自治」であり、それは日本国憲法制定当初からのものでした（後掲・杉原文献参照）。

地方自治「軽視」の一因としては、君主主権の下で軍事力に依存した強力な中央集権国家体制の確立を目指したいわゆる「明治憲法」には、地方自治に関する独立の章はもとより条文さえ存在せず、憲法の根拠を欠いた中で明治憲法期の地方制度（市制町村制や府県制）が整備・展開されてきたことが挙げられるでしょう。そこでは、一定の自立性が認められてはいましたが、総じて、自治の範囲が限定されていた上に、中央集権的な統制が強く、国からの監督が様々な面に見られるものでした。要するに、国の行政機構の一部という位置づけにとどまっていたのです（官治型地方行政）。

(2) 日本国憲法の地方自治保障の原点

日本国憲法への「地方自治」導入に当たっては、占領の経過の中で憲法草案のモデル案を提示することになったGHQ側のアメリカ型の、州法（連邦制のアメリカでは州＝国家）といえども立ち入ることできない「地方的事項」を規定した自治憲章（ホームルール）の下で行われる「地方統治」と、明治憲法下での「官治型地方行政」との連続性を意図する日本政府側の構想との攻防を経て最終的に、第8章の4か条5個の条文になりました。

まず、日本国憲法で「地方自治」の章が新設されたのは、主権者の転換、つまり民主主義が憲法原理の柱になったことの反映です。J・ブライス（Bryce）が「地方自治は民主政治の最良の学校」といったように、地方自治は、自由な国家の市民に必要な能力（地方の問題について公共的精神を持って、公明かつ積極的に関わること）の形成に役立つ点で、民主政治には欠かせない基盤となること、また、A・トクヴィル（Tocqueville）が、中央の集権化がもたらす専制や隷従精神の防波堤として「地方制度を持たない民主主義は（過度の専制という）害悪に対して、何らの保証をもたない」と喝破したように、地方自治は民主政治を維持していく上での必要不可欠な鍵となる原理・思想であり、制度だったからこそといえるでしょう。憲法第92条に比較法的にも例を見ない「地方自治の本旨」（英訳 the principle of local autonomy）という幾分ミステリアスな、しかし大変意味深い文言がキーワードとして書き込まれましたが、それをしっかりと理解する上で、地方自治の民主政治に占めるこうした意味・機能をきちんと受け止めることが何より重要です。ちなみに、この「地方自治の本旨」とは、その内容としては「団体自治と住民自治」を指すというのが通説・判例ですが、決してそれにとどまるものではないと思われます。

他方、第8章の「地方自治」には、明治憲法下の地方制度に関する規定に類似した文言が条文の中に取り込まれたり、地方の課税権を明確に保障する規定等に欠けることなど、場合によっては「自治」を後退させる立法・行政に繋がる要素も混じることになりました。

(3)　地方自治法による具体化の限界

日本国憲法と同日に施行された地方自治法は、重要な憲法の具体化法ですが、憲法の内容を促進する面ももちましたが、逆に憲法を明治憲法下の官治型地方行政に繋ぎ留める機能も果たしました。例えば、自治体が処理しなければならない事務には、自治体自身の事務として主体的に処理する事務の他に、地方自治法が取り込んだ悪名の高い機関委任事務――特定の国の事務につき、その事務の執行のために自治体の首長を国の下部機関として位置づけ、国の所管大臣等の包括的な指揮監督の下に服させるというもの――を大量に含んでいました。このことと、自治を支える財源が不十分であったことを表現する言葉として、「三割自治」という言葉が生まれたのは、まさに「地方自治の軽視」の証しといえます。

3　「地方自治」の「軽視」からの脱却：平成という時代と「地方分権改革」の推進への取り組み

(1)　「地方分権改革」へ向けての本格的取り組み

そうした「地方自治の軽視」から脱却に向けて、「地方分権改革」に段階的に取り組んできたのが、「平成」という時代でした。１９９１年のバブル経済の崩壊後、日本は

「失われた10年」と俗にいわれる経済不況期に入りますが、その中で、これまでの硬直化した中央集権的な行政システムも批判の対象となり、官から民へ、国から地方へという流れの中で、地方分権の一層の推進が重要課題とされるようになりました。「地方分権改革は、１９９３年、衆参両院が分権推進を決議して始まった」と言われますが、その決議は、分権推進が課題となった事情を確かによく表しています。

「今日、さまざまな問題を発生させている東京への一極集中を排除し、国土の均衡ある発展を図るとともに、国民が等しくゆとりと豊かさを実感できる社会を実現していくために、地方公共団体の果たすべき役割に国民の強い期待が寄せられており、中央集権的行政のあり方を問い直し、地方分権のより一層の推進を望む声は大きな流れとなっている。

このような国民の期待に応え、国と地方の役割を見直し、国から地方への権限移譲、地方税財源の充実強化等地方公共団体の自主性、自律性の強化を図り、二十一世紀にふさわしい地方自治を確立することが現下の急務である。

したがって、地方分権を積極的に推進するための法制定をはじめ、抜本的な施策を総力をあげて断行していくべきである。」（１９９３年６月３日（衆議院本会議決議）、４日（参議院本会議決議））

(2) 第1次地方分権改革の成果と課題

この決議を受けて、１９９５年に地方分権推進法が制定され、これに基づき設置された地方分権改革推進委員会の5次にわたる勧告に基づいて、政府により「地方分権推進計画」が策定され、これを踏まえて、地方自治法の改正を含む４７５本の関連法令を一挙改正する「地方分権一括法」が制定施行されました（第１次地方分権改革）。内容の多岐にわたるこの改革の中でも、特に重要な改革として、①前述の機関委任事務が廃止され、改めて自治体の処理する事務が、今度は自治体が主体となって処理する、自治事務と法定受託事務という2種類の事務に分類されたこと、②国の自治体への関与のルール化が図られ、国と地方との間での係争処理手続きが創設されたこと、③国が自治体に対して特定の行政組織・施設（例えば、保健所、福祉事務所、図書館等々）や特定の職員・付属機関の設置を義務づける「必置規制」の縮小・緩和が図られたこと、④都道府県・市町村関係の見直しが図られたことを挙げることができます。もっとも、これらの改革は、国―地方自治体の関係や都道府県―市町村の関係を、上下関係から対等の関係へと転換を図る改革でしたが、あくまで機関委任事務の廃止や係争処理のルール化に伴う必要な地方自治法の改正といった「一般法」レベルでの改革にとどまり、何より大事な、事務処理の中身を規定する個別法の改正が課題として残りました。第１次分権改革は、上記地方分権改革推進委員会自身の最終報告が認めているように、「未完の分権改革」となり、「分権型社会の創造」という究極目標の達成のためには、更なる分権改革の断行が必要となりました。また、この第１次分権改革に続く、このような法的権限の分権化を支えるべき税財政関係の分権化を目指した「三位一体改革」も極めて不十分なものにとどまったことも課題として残りました。

⑶　第２次地方分権改革の成果と課題

こうした積み残された課題を解決すべく、分権改革を総合的かつ計画的に推進するため、２００６年末に、地方分権改革推進法が３年の時限法として成立し、同法に基づいて新たに地方分権改革推進委員会が設置（～10年３月解散）され、「第２次地方分権改革」がスタートすることになりました。ここでも、第１次の時と同じく、上記委員会が調査審議に基づいて勧告を行い、勧告を受けた政府が、その講ずべき必要な法制上又は財政上の措置等を指針として定めるという仕組みが踏襲されました。

この第２次分権改革については、とくに、第１次一括法（２０１１年）から第４次一括法（２０１４年）の下で、①自治体への事務委譲、②自治事務における法令上の「義務付け・枠付け」の廃止や見直し、③都道府県から市町村への事務委譲、④国と地方の協議の場の法制化などへの取り組みがなされていますが、その問題点・限界も少なくないといわれています。

⑷　第２次分権改革の今

その後、政府は、第２次地方分権改革は、新たな局面を迎えたと位置付けた上で、地方の発意に根ざした取組を推進することとし、委員会勧告に替わる新たな手法として、「提案募集方式」を導入することにしました。これは、個々の地方公共団体等から地方分権改革に関する提案を広く募集し、それらの提案の実現に向けて検討を行うという方式で、これに基づいた改革を行うことを、政府は現時点での分権改革の目玉にしています。この方式に基づいて、第５

次一括法（2015年）から第8次一括法（2018年）が制定されています。しかし、この方式についても、「関係者を『ネタ探し』に走らせ、改革論議の視野を狭めるのでは？」（後掲・礒崎文献参照）といった懸念も出されています。そうなると、ますます真のあるべき「地方分権改革」の方向や動きが歪曲されてしまうおそれがあります。

4 日本国憲法の地方自治の保障の現在：「道半ばの地方分権改革」

「地方分権改革」の現在＝第2次地方分権改革の課題について、例えば、東京都知事らの集まりである九都県市首脳会議の政府に向けた要望「地方分権改革の実現に向けた要求」（2018年版）では、今もなお、以下のように述べられています（傍線は引用者のもの）。

「地域の自主性・自立性を高め、個性豊かで活力に満ちた地域社会を実現するためには、国と地方の役割分担を明確にし、地方分権改革を確実に推進していくことが必要であり、あわせて、地方が主体的に行財政運営を行うことができるよう、地方税財政制度を抜本的に見直すことが不可欠である。

地方分権改革については、これまで様々な取組が進められてきたが、権限移譲や義務付け・枠付けの見直しが十分に行われておらず、国から地方への税源移譲も三位一体改革以降行われていないなど、道半ばであり、更なる取組が必要である。

また、地方分権改革の推進は、地域が自らの発想と創意工夫により課題解決を図るための基盤となるものであり、地方創生においても極めて重要なテーマである。」

5 日本国憲法の「地方自治」保障から「真の地方分権型社会の実現」を

(1) 自民党の改憲草案は分権推進とは逆行するもの

道半ばの「真の地方分権型社会の実現」という現状をさらに進めていく上で、日本国憲法は、国家や社会の基本法としてどう関わることができるでしょうか。地方分権型社会への取り組みがこのように停滞しているのは、憲法の現行の「地方自治」の規定が、あまりにも簡潔な上に抽象性の高い文言を含んでいるから、有効な基準・指針たり得ないということなのでしょうか。2012年に公表された自民党の改憲案では、もっと明確に規定しようとして、その第92条で「地方自治の本旨」の中身として、①住民の参画と住民に身近な行政の自主的・自立的・総合的な実施、②住民の自治体の役務を等しく受ける権利と公平な負担の分担義務を掲げています。しかし、２０００年代になって全国の地方自治体で進められてきている自治基本条例制定での成果などとも照らし合わせて、よく見てみると、これまで、地方自治の本旨の二つの内容として挙げられてきた団体自治と住民自治の保障さえもが曖昧で限定的なものになっていることに気づくはずです。さらに、その改憲案の地方自治の章の各条項に目を通すと、「法律で定める」とか、「法律の範囲内」でとか、地方自治を「法律が枠づける」という発想がかえって強くなっていることにも気づくはずです。中には、外国人である住民の参政権を明確に否定する条文さえあります。このような改憲案は、上で確認してきたような「平成の地方分権改革推進の取り組み」の目指してきたものを保障するには極めて不適切なものであるように思われます。

他方で、「真の地方分権型社会の実現」に適うように憲法の「地方自治」規定を変えて行こうという提案も、試案的に、徳島県の「地方自治に関する憲法課題研究会」による『「真の地方分権型社会」を創造する日本国憲法の「地方自治」規定のあり方について』にはモデル案として提示されています（その第2版は、２０１５年公表）。そのような道半ばの「地方分権改革」の現状を進めていこうとの前向きの提案については、本当に憲法改正が必要なのかを含めて、その提案をさらに吟味検討することは「地方自治」理解の上でも、有益なものではあると思います。

(2)　日本国憲法の「地方自治」保障を生かすための「基本法」作りのススメ

これらの改憲の試みに対して、本稿では、最後に、現行の日本国憲法の「地方自治」保障でも、十分に、「真の地方分権型社会の実現」に寄与することができるのだと指摘しておきたいと思います。

まず、第92条に書き込まれた「地方自治の本旨」の内容は、何も、団体自治と住民自治の二つにとどまるものではないはずです。上述（２⑵）したような「地方自治」の民主主義に占める意味を踏まえると、「地方自治」に関わる原理として、よく挙げられる「住民に身近な行政について はより身近な地方自治体に」という原理や、決定や自治などはできるかぎり小さい単位で行い、できないことのみをより大きな単位の団体で補完していくという「補完性」の原理などは、「地方自治の本旨」の内容を構成するものといって良いと思います。

また、現在の第94条が地方自治体に「法律の範囲内」で条例制定権を認めていることに関しては、それが、これまでずっと、地方自治体の自主的で先進的な政策の立案・実施の足かせとなってきたことは、環境保護行政分野などで経験してきたことです。しかし、この規定の解釈としては、そこでいう条例が、日本国憲法の成立過程でGHQ側から提示された「自治憲章（ホームルール）」（＝地方自治体の憲法）を取り込もうとしたものだったということを踏まえると、当該地方に固有の地方的事項に関する条例については、この「法律の範囲内」には必ずしも拘束されないと解釈することもできると思われます。また、国の専属的立法事項や国との競合的立法事項について事務執行するための条例の制定の場合であっても、事務執行を義務付けたり枠付けたりする「法律」とは、あくまで憲法のいう「地方自治の本旨」に反しない法律であることが前提となると解して良いでしょう。

だとすれば、現行の日本国憲法の「地方自治」保障からはこのような理解や解釈も可能なことを明示する方向で、地方自治基本法を制定するという方法も、改めて、十分試みるに値する選択肢ではないでしょうか。「地方自治の本旨」を構成する「本旨」が、歴史や文化が日々形成されていく中で発展していくものだと考えて、憲法制定権力者たる国民がこのキーワードを選んだのだとすれば、基本法という形で、団体自治や住民自治の一層の拡充、地方自主財政権、国の立法・行政への参加権、さらには自治権侵害に対する司法的救済などを規定するとともに、中央政府の憲法政治が、憲法の平和主義との乖離をますます深めている中、これまでの自治体側の営為の積み重ねによって自治体の新たな役割としての共通認識を深めてきた「平和の構築」に向けた「平和・外交政策」に関する権限・権利についても、地方自治基本法に書き込んでいくことも必要なことでしょう。とりわけ、近年の辺野古基地建設を巡る政府と沖縄の民意との懸絶は、まさに後掲の杉原論文が言及する、「『立憲主義』体制の不在を思わせるほどにまで際立った『平和国家』、『地方自治を含む民主主義』の軽視・無視」であることを直視したときには、その思いを強くするのは一人、私だけではないと思われます。

【参考文献】

・礒崎初仁・自治体政策法務講義（第一法規、２０１２年）
・大津浩・分権国家の憲法理論（有信堂、２０１５年）
・徳島県「地方自治に関する憲法課題研究会」報告書

『「真の地方分権型社会」を創造する日本　国憲法の「地方自治」規定のあり方について［第２版］』（２０１５年、徳島県ＨＰ参照）

・杉原泰雄・試練に立つ日本国憲法（勁草書房、２０１６年）

・吉田善明・地方自治と日本国憲法（現代法学者著作選集、三省堂、２００４年）

Ⅱ　平和に生きる

第Ⅱ部【平和に生きる】は、第6章・稲正樹「平和主義」、第7章・小林武「沖縄から見た安保体制と第9条」、第8章・内藤光博「平和主義とアジア―平和憲法史観と戦後補償問題」、第9章・植野妙実子「国家緊急権」の四つの章からなります。

第6章では、2012年の自民党憲法草案と安倍9条加憲の問題点、憲法9条と平和的生存権に基づく平和構想を論じます。第7章では、沖縄史の中の憲法と安保、憲法に照らしてみた安保、沖縄の現在からする憲法国家の展望を論じます。第8章では、平和憲法史観とは何か、戦後補償と日本の最高裁、近年の韓国における戦後補償裁判の展開、平和憲法史観に立った東アジアの平和と和解に向けてを検討します。第9章では、国家緊急権に関する憲法学説、改憲動向の中での国家緊急権、法律による緊急事態の制度化を検討します。

各章とも、日本国憲法の平和主義を考える場合の重要な論点を取り扱っています。

（稲　正樹）

平和主義

国際基督教大学元教授
稲　正樹

1　自民党2012年改憲草案の検討

現行憲法は第9条1項において戦争の放棄を、2項において戦力の不保持と交戦権の否認を、前文において平和的生存権を規定して、軍事力による国家の安全保障ではなく、非軍事平和主義（軍縮平和主義）を憲法原則として採用しています。

日本国民は、①自衛の名による侵略戦争、②国防のための軍拡による不可避的な戦争誘発、③現代戦争とくに核戦争が絶対悪であることを身をもって知ったという、三つの国民的経験を積み、その反省によって、「再び戦争の惨禍が起ることのないようにする決意」のもとに憲法の平和原則を「確定」しました。憲法第9条と平和的生存権によって憲法規範化された憲法の平和原則とは、以下のようなものです。

第一平和原則――一切の戦争放棄システムの維持・展開によって「戦争非合法化」の普遍的世界平和組織の建設と実効化を目指す。第二平和原則―わが国の軍縮と軍備撤廃の実行のプロセスと実績を示しつつ、周辺国際的地域そして世界の軍縮実現のイニシャチブをとり促進する。第三平和原則―戦争と軍備による侵害・圧迫から免れた「平和的生存権」の日本国民への保障の実行モデルを提示しつつ、全世界の国民（人類）がそれをひとしく尊重される「正義」に基づく人類平和「秩序」の建設に努める（深瀬忠一『戦争放棄と平和的生存権』岩波書店）。

憲法に示されたこの平和主義の原則は、日本が先頭に立って、全世界の平和と人権を守るために具体的な行動を起こし、積極的に世界平和を追求することを意味しています。

　日本国憲法は1947年に施行されて以来一度も改正を経験してきませんでしたが、日本国憲法下の憲法政治は、「解釈改憲の政治」と「明文改憲を求める政治」という二頭の馬によって引かれてきました。「解釈改憲」とは、憲法の明文（規定）を改正することなく、憲法の解釈をその文言・論理・趣旨からは不可能なまでにゆがめることによって、明文改憲が行われたのと同様の状態を解釈の名においてつくり出し、憲法とは本来両立しない違憲の政治を正当化しようとする政治のやり方を意味します。「明文改憲」とは憲法第96条の定める手続きにしたがって憲法の明文（規定）を改正すること、つまり憲法改正のことです（杉原泰雄『憲法読本・第4版』岩波書店）。「解釈改憲」の政治がゆき詰まり、「明文改憲」を求める政治勢力が国会の多数を握り、軍事大国と新自由主義改革を進めていくための憲法改正を求めています。

　自民党が2012年に公表した「日本国憲法改正草案」（以下、改憲草案と略称）は、現行憲法第9条2項及び平和的生存権の規定を全面的に削除して、その代わりに第9条2項では自衛権の発動を規定し、新しく第9条の2の規定を設けて「国防軍」の設置を提案しています。それに伴って、現行憲法第2章の「戦争放棄」の表題を「安全保障」の表題に変更しています。改憲草案の9条のタイトルは「平和主義」となっていますが、現行憲法の「武力によらない平和」ではなく、「軍事力をもとにした似非平和主義」であることは明らかです。改憲草案が具体的に何を規定しているのかを見てみましょう。

(1) 国防軍の創設

　改憲草案は、現行憲法第9条2項の「前項の目的を達するため、陸海空軍その他の戦力は、これを保持しない。国の交戦権は、これを認めない」という規定を削除して、新たに第9条の2の1項において、「我が国の平和と独立並びに国及び国民の安全を確保するため、内閣総理大臣を最高指揮官とする国防軍を保持する」と規定しています。

　国防軍保持の理由について、自民党の『日本国憲法改正草案Q&A増補版』（以下、Q&A）ではこう説明しています。「世界中を見ても、都市国家のようなものを除き、一定の規模以上の人口を有する国家で軍隊を保持していないのは、日本だけであり、独立国家が、その独立と平和を保ち、国民の安全を確保するため軍隊を保有することは、現代の世界では常識です。この軍の名称について、当初の案では、自衛隊との継続性に配慮して『自衛軍』としていましたが、独立国家としてよりふさわしい名称にするべきなど、様々な意見が出され、最終的に多数の意見を勘案して、『国防軍』としました」。

しかしながら、「独立国家が、その独立と平和を保ち、国民の安全を確保するため軍隊を保有することは常識」という認識は一面的です。世界の大多数の国が平和条項を憲法に明記し、非核や軍縮の方向性を明らかにしている現在において、古い常識にとらわれて国防軍の創設を図ることは賢明ではありません。

核時代において、軍隊は国民の安全を確保することはできません。自衛隊と米軍によってではなく、非軍事の平和主義（軍縮平和主義）を採用した憲法のもとで、9条を守れという国民の運動によって、この72年間何とか日本は戦争をしないできたのです。「安保肯定派は、戦後日本の繁栄は、安保条約があってこそであり、憲法9条などは何の役にも立たなかったと主張するが、これは誤りだ。むしろ、憲法とそれを擁護する国民の声、運動の力で安保条約がアメリカの求めたような十全の軍事同盟条約＝攻守同盟条約になれなかったことが、戦後日本の平和が維持された大きな要因である」と指摘されています（渡辺治・福祉国家構想研究会（編）『日米安保と戦争法に代わる選択肢─憲法を実現する平和の構想』大月書店）。政府はこれまで、違憲の戦力とは区別される必要最小限度の実力（＝自衛力）の限界内にあるのが自衛隊としてきましたが、自衛隊に代えて国防軍を創設すれば、国防軍が保持する軍事力には制約が課されないことになります。

国防軍の活動について、改憲草案は三つを規定しています。①「我が国の平和と独立並びに国及び国民の安全を確保する」ための活動（第9条の2第1項）、②「国際社会の平和と安全を確保するために国際的に協調して行われる活動」（第9条の2第3項）、③「公の秩序を維持し、又は国民の生命若しくは自由を守るための活動」（第9条の2第3項）です。①には集団的自衛権の行使も含まれます。②は「国際平和活動への参加」や「集団安全保障における制裁活動」であり、Q＆Aでは、いずれも「軍隊である以上、法律の規定に基づいて、武力を行使することは可能」と述べています。③は「治安維持や邦人救出、国民保護、災害派遣などの活動」と説明しており、国防軍が国民に銃口を向ける治安出動を意味します。第25条の3（在外国民の保護）との関連からすると、在外邦人の救出を名目にした出兵の危険性もあります。

改憲草案は第9条の2第2項において、「国防軍は、前項の規定による任務を遂行する際は、法律の定めるところにより、国会の承認その他の統制に服する」という規定を置いています。Q＆Aは、これに関して、「国防軍に対する『文民統制』の原則に関しては、①内閣総理大臣を最高指揮官とすること、②その具体的な権限行使は、国会が定める法律の規定によるべきことなどを条文に盛り込んでいるところです」としていますが、これだけの規定では国防軍に対する文民統制としては不十分です。議会による戦争宣言などの規定もなく、すべてが法律に委ねられています。

(2)　集団的自衛権の認容

改憲草案は、第9条1項を基本的に維持しながら2項を削除して、その代わりに「前項の規定は、自衛権の発動を妨げるものではない」と規定しています。Q＆Aではこう説明しています。「これは、……主権国家の自然権（当然持っている権利）としての『自衛権』を明示的に規定したものです。この『自衛権』には、国連憲章が認めている個別的自衛権や集団的自衛権が含まれていることは、言うまでもありません。……自衛権の行使には、何らの制約もないように規定しました」。

２０１４年の集団的自衛権に関する政府の憲法解釈の変更を経て、２０１５年の事態対処法（武力攻撃事態等及び存立危機事態における我が国の平和と独立並びに国及び国民の安全の確保に関する法律）の成立によって、存立危機事態（我が国と密接な関係にある他国に対する武力攻撃が発生し、これにより我が国の存立が脅かされ、国民の生命、自由及び幸福追求の権利が根底から覆される明白な危険がある事態）の場合に、集団的自衛権の行使が可能になりました。しかしながら改憲草案は、このような集団的自衛権の限定的行使にとどまりません。アメリカが世界的に展開する軍事行動に対して、全面的な軍事協力を行うことを可能にする集団的自衛権の発動を憲法上明記することは、日本を「戦争を放棄した平和国家」から「戦争をする軍事大国」に変質させるものです。

(3)　軍事審判所の設置

改憲草案は、第9条の2第5項において、「国防軍に関する軍人その他の公務員がその職務の実施に伴う罪又は国防軍の機密に関する罪を犯した場合の裁判を行うため、法律の定めるところにより、国防軍に審判所を置く。この場合においては、被告人が裁判所へ上訴する権利は、保障されなければならない」と規定しています。

Q＆Aでは、軍事審判所の必要性について、「軍事上の行為に関する裁判は、軍事機密を保護する必要があり、また、迅速な実施が望まれることに鑑みて、このような審判所の設置を規定しました」と述べています。しかしながら、軍事情報は国民の知る権利の対象外とされるべきではなく、国防軍の規律保持のための迅速な裁判は、裁判を受ける権利を侵害します。「裁判官や検察、弁護側も、主に軍人の中から選ばれることが想定される」（Q＆A）軍事審判所は、通常の司法裁判所とは全く異なり、軍事裁判を取り扱う行政機関の一種です。裁判所への上訴権の保障は名目的なものとなり、上訴裁判所が軍事審判所の認定した事実や罪状を法に基づいてキチンと判断できる可能性もありません。

憲法理論的な面では、同草案自身が規定する特別裁判所の禁止と矛盾を孕むものであり、実践的な面では、被疑者・被告人の人権保障や公正な裁判・捜査に関する諸原則を掘り崩します。「軍のことは軍で処理する」という姿勢が、市民社会にそぐわないのです（安達光治「『軍事審判所』の意義と理論的・実際的問題点」民主主義科学者協会法律部会（編）『法律時報増刊・改憲を問う—民主主義法学からの視座』日本評論社の指摘）。

(4)　平和的生存権の削除と国防の責務の導入

改憲草案は、現行憲法の前文を全面的に書き改めて、「われらは、全世界の国民が、ひとしく恐怖と欠乏から免かれ、平和のうちに生存する権利を有することを確認する」という文言を全面的に削除しています。

平和的生存権は、平和の享受そのものが人権であり、「戦争と軍備及び戦争準備によって破壊されたり侵害ないし抑制されることなく、恐怖と欠乏から免れて平和のうちに生存し、また、そのような平和な国と世界を作り出していくことのできる核時代の自然権的本質をもつ基本的人権の総体」であり、憲法前文、第9条、第13条、憲法第3章に照らして「憲法上の法的な権利」として認められるべきであると、学説・判例では主張されています。平和的生存権は、20世紀前半の平和への国際的な潮流を背景とし、同時に第9条と結びつくことによって、いかなる戦争及び軍隊によっても、自らの生命その他の人権を侵害されない権利として理解されます。その核心にあるものは、国家の戦争行為や軍事力に対する個人の生命その他の人権の優位性の思想だと指摘されています（山内敏弘『人権・主権・平和―生命権からの憲法的省察』日本評論社）。国連において「平和への権利宣言」が採択され、韓国においても平和的生存権の探求が始まっているときにおいて、平和的生存権の削除は時代逆行的な姿勢です。

改憲草案は、前文に、「日本国民は、国と郷土を誇りと気概を持って自ら守り」と書いて、国防の責務を国民に課しています。Q＆Aではこう説明しています。「党内論議の中では、「国民の『国を守る義務』について規定すべきではないか。」という意見が多く出されました。しかし、仮にそうした規定を置いたときに「国を守る義務」の具体的内容として、徴兵制について問われることになるので、憲法上規定を置くことは困難であると考えました。そこで、前文において、「国を自ら守る」と抽象的に規定するとともに、第9条の3として、国が「国民と協力して」領土等を守ることを規定したところです」。徴兵制の導入をあれこれ詮索されないために、「国防の責務」を抽象的に規定したと述べています。しかし、改憲草案18条の規定と合わせてみれば、徴兵制の導入をまったく意図していないと断言できません。

現憲法第18条では、「奴隷的拘束及び苦役の禁止」として、「何人も、いかなる奴隷的拘束も受けない。又、犯罪に因る処罰の場合を除いては、その意に反する苦役に服させられない」と規定しています。改憲草案は、これを「身体の拘束及び苦役からの自由」として、1項で「何人も、その意に反するという否とにかかわらず、社会的又は経済的関係において身体を拘束されない」、2項で「何人も、犯罪による処罰の場合を除いては、その意に反する苦役に服させられない」と規定しています。1項では、政治的関係における身体の拘束の禁止ははずされており、徴兵制の導入に道を開いています。

以上、２０１２年の自民党改憲草案が、日本国憲法の非軍事平和主義を廃棄し、国防軍の創設によって古い軍事至上主義に回帰しようとしていることを確認しました。アメリカの世界戦略に付き従いながら独自の軍事大国化を目指そうとする改憲派の願いと目論見が見て取れます。

2　安倍9条加憲の問題点

２０１７年5月3日に安倍首相は、日本会議系の改憲団体の集会にビデオ・メッセージを送り、その中で、「第9条1項、2項を残しつつ、自衛隊を明文で書き込む」という考え方は国民的な議論に値するとして、安倍9条加憲構想を発表しました。これは、２０１２年の自民党改憲草案をいったん引っ込め、改憲賛成党派として従来第９条加憲を主張していた公明党を引き込み、教育の無償化を改憲項目として打ち出していた維新の会の協力も得ながら、衆参両院で改憲党派３分の２を確保して、早期に改憲案の国会発議を狙う戦略から採用されたものでした。しかしながら、この基本戦略は、２０１８年秋の臨時国会での万全の改憲シフト体制にもかかわらず頓挫を余儀なくされ、憲法審査会の発動は今のところ不発に終わっています。

２０１９年の4~5月の天皇の代替わり、４月の統一地方選挙、７月の参議院議員選挙、10月の消費税10％の引き上げという政治日程からすると、２０２０年に改憲施行を目指すという安倍首相の目論見には厳しいものがあります。しかし、首相の改憲への執着には変わりがなく、衆参同時選挙の断行、改憲賛成諸党派の組み替えの可能性もあります。多くの憲法学者が違憲だと言っているので、自衛隊を憲法に書き込む必要がある、第９条加憲は自衛隊員に誇りを持たせるためだという情緒的な主張が安倍首相によって繰り返されていますが、第９条加憲の本質を明らかにする必要があります。

２０１２年の自民党の「日本国憲法改正草案」を引っ込めて、２０１８年３月25日の党大会において決定を目指した自民党改憲素案のたたき台は、第９条の２のほか、緊急事態条項、教育の充実、参議院選挙「合区」の解消からなっていますが、眼目は第９条加憲にあります。第９条の２はこう規定しています「①前条の規定は、我が国の平和と独立を守り、国及び国民の安全を保つために必要な自衛の措置をとることを妨げず、そのための実力組織として、法律の定めるところにより、内閣の首長たる内閣総理大臣を最高の指揮監督者とする自衛隊を保持する。②自衛隊の行動は、法律の定めるところにより、国会の承認その他の統制に服する。」

安倍９条改憲には、日本国憲法第９条を維持したまま、上記の第９条の２を付加することによって、自衛隊違憲論が排除され自衛隊と自衛力が合憲化されるという評価と、自衛力論の合憲化にとどまらず、「自衛戦力」論への転換と憲法第９条２項の空文化に帰結するという二つの評価があります。

前者（浦田一郎「自衛隊加憲論と政府解釈」法律論叢90巻６号）は、安倍９条加憲は自衛力論の枠内にとどまると考えていますが、そこに含まれている軍事力拡大の可能性が、自衛隊加憲によって積極的に展開・加速され得る。その結果、相当の軍事力展開の可能性があり、武力行使に至る様々な可能性も増大すると指摘しています。自衛力論の明記であっても、それは国民に改憲を経験させ、複数段階改憲構想のなかで2項削除改憲論を導く。また自衛隊違憲論を排除し、自衛力論の枠内でも安保体制の変容など解釈の展開の可能性がある。さらに各種の軍事力拡大の可能性を本格化させ、軍事的価値に対して制約的な社会や文化を変容させる画期となる。自衛隊加憲の効果は多様で大きいと言います。

後者（山内敏弘『「安倍9条改憲」論の批判的検討』法と民主主義521号）は、加憲によって自衛隊に憲法的公共性が付与され、以下のような波及的効果が生じると指摘しています。①安保法制（戦争法制）の憲法的認知、②際限のない「戦力」の保持、③徴兵制・徴用制の合憲化、④自衛官の軍事規律強化、⑤軍事機密の横行、⑥自衛隊のための強制的な土地収用、⑦自衛隊基地訴訟への影響、⑧軍事費の増大、⑨軍産複合体や軍学共同体の形成。

加憲論者が、憲法に自衛隊を明記しても何も変わらないと主張することは欺瞞的です。軍と戦争関連の規定が一切ない憲法に自衛隊が明記されれば、憲法の中に軍事組織が書き込まれることになり、憲法第9条だけでなく憲法自体が変質します。明治憲法の下では、陸軍刑法、陸軍軍法会議、軍機保護法、戒厳大権、緊急勅令、非常大権などが存在していました。それに対して、日本国憲法の下では、軍部は死語であって、軍による人権保障の制約はありません。しかしながら、安保法制によって海外での武力行使を大幅に解禁された自衛隊が合憲化されれば、自衛隊は「戦争する軍隊」へ、日本は「戦争する国」へと転換します。

加憲がなされれば、「武力によらない平和」の規範は根本的に転換し、「国民の9割に支持される自衛隊」はなくなります。災害復旧支援で奮闘し、あるいは海外に行っても武力行使をしないできた自衛隊のイメージは、自衛隊は第9条2項の禁止する「戦力」ではないことを国民に納得してもらうために政府が自衛隊の活動に制約を加えた結果作られたものです。それは第9条2項の制約の下で、自衛隊を違憲の軍隊にしないという努力のなかで強いられた姿なのです。しかし、第9条加憲によって自衛隊が合憲となれば、世界の軍隊があまり重きを置かない災害復旧支援などに精を出さなくとも、合憲のお墨付きが得られるわけですから、自衛隊像もがらりと変わります。さらに、第9条自衛隊明記と緊急事態条項がセットになると、市民の自由を弾圧し、国民を戦争に動員する体制づくりが進行します

（渡辺治『戦後史のなかの安倍改憲―安倍政権のめざす日本から憲法の生きる日本へ』新日本出版社）。

そのような選択ではなく、憲法第９条と平和的生存権を基本にした、平和のための骨太な構想と具体的な代案を提示する必要があります。「包括的な平和政策パッケージのコア」である憲法第９条に基づいて、戦争克服・平和創造のアジェンダを積極的に提示していくことが必要です。近代主権国家システムを超えた世界秩序―国家の軍事力がより規制され、国際協調主義がより進展する世界秩序―を展望することが大切です（君島東彦「六面体としての憲法９条―憲法平和主義と世界秩序の60年」全国憲法研究会編『憲法問題29』の提言）。

3　憲法第９条と平和的生存権に基づく平和構想

軍事力や軍事同盟によらずに国民の平和に生きる権利を保障する平和構想としては、すでに小林直樹、深瀬忠一、水島朝穂らの提案があります。神原元は「憲法学は何を主張してきたか」という論文で、憲法学者たちの営為をこうまとめています（伊藤真・神原元・布施祐仁『９条の主張―非軍事中立戦略のリアリズム』大月書店所収）。

米ソ冷戦の最中に書かれた小林直樹教授らによる「憲法９条の政策論」、冷戦期末期に書かれた深瀬忠一教授らによる「総合的平和保障基本法試案」、ポスト冷戦期に書かれた水島朝穂教授の「自衛隊の平和憲法的解編構想」は、いずれも、日米安保体制の廃棄を主張し平和外交による侵略の抑止を訴える点で共通します。「政策論」は、日米安保体制と自主防衛体制の非現実性を詳細に検討しました。「試案」は、自衛隊を、警備隊、国連平和維持待機隊、災害救助隊、国際協力隊に分割するという改編計画を示した基本法の制定を提案しました。「解編」は、「自衛隊の存在理由」を問い直し、武装組織としての自衛隊を完全に解体し、総合的な災害救援隊に編成し直すという提案をするものでした。これらの構想の基本的な部分は、現在に至るまで有効性を持ちうるのであって、少なくとも今後の防衛構想の中で有効な選択肢の一つとして検討され続けられるべきであると考えます、と述べています。

この論文で紹介されている、深瀬忠一たちの「総合的平和保障基本法試案」は、次のような構成をとっています。総則「総合的平和保障の基本的指針と目的」＝第１条〔基本的指針と目的〕、第１章「国民的・人類的平和的生存権の確保と拡充のための外交・経済・文化・研究・教育的な交流・協力の組織化と担い手」＝第2条〔平和的生存権の確保・拡充と協力責任〕、第3条〔平和外交〕、第4条〔平和経済〕、第5条〔文化的・人的交流・協力〕、第6条〔平和研究・教育〕、第7条〔東アジア・太平洋地域の平和的連帯〕、第8条〔総合的平和保障の担い手〕、第2章「軍縮努力と自衛隊の平和憲法的改編の具体的方針と過程」＝第9条〔世界的軍縮〕、第10条〔国際地域的軍縮〕、第11条〔自衛隊の平和憲法的改編の基本的方針〕、第12条〔平和隊整備計画と実施過程〕、第13条〔平和隊の組織〕、第3章「国際連合の平和維持機能の強化への積極的寄与」＝第14条〔日米安保体制から国連平和保障体制へ〕、第15条〔国際的地域的平和保障〕、第16条〔国連平和維持機隊〕、第17条〔国連の改革から世界連邦的平和組織へ〕。

これらの条文名を瞥見しただけでも、自衛隊をどのようにして縮小再編していくのかという課題は、国政・外交・経済・文化・国民意識の根本的な転換、国連平和保障体制の構築などの課題を解決していくこととセットになっていることが理解されます。この試案の第1条と第2条が述べている以下の指摘は、今後、自衛隊と日米安保体制に代わるオルタナティブを構想・集約していく際の基本的な道しるべになると思われます。

「日本国の安全と平和の保障は、平和憲法の精神にしたがい、国際連合の平和維持機能の強化と全面完全軍縮をめざす不断の軍縮努力および如何なる国をも仮想敵国視せず、平和的な外交的・経済的・文化的・研究教育的協力を促進すること等を総合し、全世界の諸国民の相互理解と信頼の回復と確立に努め、かつ公正な世界的世論によって支持されるに値する平和国民となるよう最大限努力することをもって、基本とする。

右の基本的指針は、核時代の戦争の絶滅的惨禍からわが国国民のみならず人類の現在および将来の世代を救い、またそのような戦争の誘発を不可避的ならしめる軍拡競争の悪循環を断ち、かつ軍備による諸国民の過重な負担およびそれによってますます激化する飢餓、貧困、疾病、資源浪費、環境破壊等の矛盾から人類を解放し、全世界の国民がひとしく恐怖と欠乏から免かれ、平和のうちに生存する権利を確保し享受できるようにすることを、目的とする。

日本国民および全世界の諸国民の平和的生存権をひとしく保障することこそが、安全と平和保障の目的であるから、その実現手段はその目的にふさわしいものでなければならず、また平和的生存権を身近なところから確保し拡充してゆくことが総合的平和保障の基盤となる。」

同様な指摘は、最近、千葉眞によってもなされているところです（「『小国』平和主義のすすめ――今日の憲法政治と政治思想史的展望」思想1136号）。現在の安倍政権の道は、自衛軍あるいは国防軍を設置し、改憲を通じて現在の憲法第9条2項を削除するか骨抜きを図り、日本を通常の軍隊を有する「普通の国」とし、抑止力としての軍事力拡大の路線を模索する道―「よく通られた道」です。これと正面から対決するもう一つの選択肢は、「小国」平和主義の道――「人があまり通っていない道」です。

二つの道を分かつものは、第9条を改定して日米同盟の強化を求めていくのか（安倍政権）、国連との提携をさらに深めて日米同盟を相対化し、第9条の徹底した平和主義を活性化していくのか（活憲）です。

千葉眞は活憲の立場から、日米同盟の相対化と大幅な軍縮を要請する必要があると訴えています。非戦型の「小国平和主義」の道は、「人があまり通っていない道」ですが、「誰かが通るのを待っている道」でもあり、日本の民衆と政府には、世界平和への政治的意志と地道な歩みが求められているという言葉でこの論文は結ばれています。

日米同盟の相対化（安保条約を、東アジア各国とアメリカとの二国間方式から多国間方式への発展的に改組する）のか、安保条約の廃棄なのかという論点は依然として残っていますが、今後「小国」平和主義の道を具体化し、憲法の平和主義に基づく国内体制の構築と世界秩序の再編を展望する作業を継続するなかで、この問題も決着をつけていくことができるのではないかと考えます。

沖縄から見た安保体制と第9条

沖縄大学客員教授
小林　武

1　はじめに――相容れない二つの法体制

安保体制（日米安保条約を中軸とした諸法規のほか密約を含む無数の日米合意によって形づくられている法的・政治的体制を言います）は、日本国憲法、とくに第9条と強い緊張関係をもち、本質的には相容れないものでありながら、わが国の法・政治の世界に厳然として存在しています。しかも、両者の関係は、安保体制が、「国の最高法規」（憲法第98条）である憲法を侵害し、圧迫してやまない状況にあります。本来、国の最高法規である憲法の条規に反する国家行為は、すべて無効であり（同条）、また、法的効力において憲法が条約に優位することを前提として、条約は違憲審査の対象となりますが（第81条）、安保条約に対しては、後に述べるように、違憲審査が有効に機能しているとはいえません。安保が憲法に優位しているのが実態です（日米安保体制を現代の「国体」であると――事実認識としては正当にも――指摘されているほどです〔白井聡『国体論　菊と星条旗』集英社文庫〕）。

このような状況が、とりわけて、沖縄ではあからさまな展開を見せています。安保条約とともにその第6条にもとづいて締結されている日米地位協定（名称は「協定」ですが、法形式としては条約にあたります）が、アメリカ優位の非対等な、従属的構造になっているため、米軍は、構成員の起こした事件や基地に基因する事故について、その責任を大きく免れています。そのため、住民は、つねに生命と人間の尊厳を脅かされているのが実情です。振り返って、沖縄は、太平洋戦争において、「国体護持」を主眼とする「本土防衛」のための「捨て石」とすべく、住民を巻き込んだ地上戦の場とされたために、県民の4分の1の人々が犠牲となりました。沖縄戦後、米軍による直接的な軍事占領が72年の施政権返還まで続き、県民は憲法を奪われていました。加えて、復帰後も、憲法は適用されたものの、米軍基地の重圧は基本的人権をじゅうりんし続けており、憲法はなきがごとき状態が現在まで続いているといわなければなりません。

そこで、以下、沖縄に足場を置いて、安保と憲法、とくに第9条ありようについて少し考えてみたいと思います。

2　沖縄史の中の憲法と安保

(1)　沖縄民衆の苦難の原点――沖縄戦

1945年、沖縄は、太平洋戦争末期に日本で唯一、民衆の日常生活の場において、大規模な地上戦――「沖縄戦」――がおこなわれた地域となりました。押し寄せた米軍は、地上戦闘部隊だけでも18万余り、後方支援部隊を加えると54万人に及んだといわれます。これに対して日本軍は、わずか10万人。しかも、そのうち約3分の1は、沖縄現地徴集の補助兵力でした。3月26日、米軍の慶良間列島上陸を序章として、4月1日の本島（読谷から北谷にかけての西海岸）への上陸に始まった沖縄戦は、太平洋戦争の最後の決戦となったものですが、日本軍は、国体護持を至上目的とし、できるだけ長く抗戦して米軍の本土上陸の時期を延ばす持久作戦を採りました。そのため、「鉄の暴風」と呼ばれる、住民を巻き込んでの激烈悲惨な戦闘が繰り広げられました。「ありったけの地獄を集めた」と表現される、阿鼻叫喚の苦しみを住民に強いたこの沖縄戦は、同年6月23日に日本軍の組織的抵抗が終わったとされますが、兵士はなおゲリラ的抵抗を続けることを命じられており、また住民は戦火の中を逃げまどいました。日本軍が米軍への無条件降伏の文書に調印したのは、9月7日です。こうした沖縄戦によって失われた人命は、軍人以上に多くの犠牲者を出した一般住民を含めて20万人余に及び（犠牲になったのは、本土出身の約6万5000人の兵隊、沖縄でかき集められた約3万人の即製の兵隊と一般民間人約9万4000人、そのほかに朝鮮半島から軍夫や従軍慰安婦として強制連行されてきた約1万の人々がいたとされます）、無数の人々が傷つき、その財産は灰燼に帰しました。生産施設や文化遺産なども破壊しつくされ、山野の形状まで一部では変わってしまったほどで――国破れて山河もなし――、沖縄は文字どおり焦土と化したのです。

こうして、沖縄県民の戦後は、人間的生存の条件がすべて奪われたと表現しても過言ではない環境の下で始まりました。その中には、収容所生活を長期にわたって余儀なくされた人も多数に及んでいます。たとえば、本島中部の宜野湾部落住民の場合、米軍が帰村を許可したのは1946年の10月で、帰村の完了は翌47年5月までかかりました。そして、ようやくにして生地に帰りついた人々が見たのは、もとの家も墓も田畑もフェンスに囲まれ、米軍基地と化した光景でした（これが現在の普天間基地です）。そうした人々を含め、沖縄民衆は茫然自失の中で生きるための苦悩を重ねたのです。米軍は、沖縄占領とともに（正確には、一部では沖縄戦中から）、軍政を敷いて直接統治を開始し、併せて恒常的かつ大規模な軍事基地建設を進めました。

(2) 憲法を奪われていた沖縄の27年間

米軍は、上陸直後に米軍海軍元帥チェスター・ウィリアム・ニミッツの名で、『米海軍軍政府布告第1号』（いわゆる「ニミッツ布告」）を出し、日本帝国政府の沖縄に対する統治権を停止しました（この布告には日付がありませんが、4月1日とするのが通例です）。その第2項で「日本帝国政府の総ての行政権を停止」すること、第5項で「総ての日本裁判所の司法権を停止」することが記されており、これによって帝国憲法の沖縄への適用は遮断されたのです。ただ、同布告は、その目的について次のように述べていました。

「日本帝国の侵略主義並びに米国に対する攻撃のため、米国は日本に対し戦争をする必要を生ぜり。且つ、これら諸島の軍事的占領及び軍政の施行は、わが軍略の遂行上、並びに日本の侵略の破壊及び日本帝国を統括する軍閥の破壊上、必要なる事実なり。

治安維持及び米国軍政並びに居住民の安寧福祉維持上、占領下の南西諸島中、本島及びその近海に軍政府の設立を必要とす。」

とすれば、上記の沖縄戦終了の時点（遅くとも9月7日）において、本来なら、沖縄は再び日本本土と同一の状態において軍事的直接占領を解除され、憲法も適用されて、連合国の間接統治の状態に入るべきが当然でした。日本本土の場合、8月14日、ポツダム宣言を受諾し、9月2日の降伏文書の調印により、法的にもわが国は国家主権を喪失し、統治権力は連合国軍総司令部（ＧＨＱ）に委ねられることとなったのですが、日本国家の統治機構は排除されることなく、ＧＨＱの統制下でありますが、残されました。いわゆる間接占領です。ところが、沖縄では、国際法上の占領の下に置かれたという事態の同一性にもかかわらず、日本帝国の沖縄における統治機構、したがってそのもつ統治権力は完全に排除される状態が継続しました。すなわち、直接占領であり、沖縄には憲法の適用は回復されなかったのです。

米国の沖縄統治の基本法は、前出のニミッツ布告にはじまり、それが１９５０年12月５日発布のいわゆるＦＥＣ（Far Eastern Command）指令「琉球列島米国民政府に関する指令」、そして１９５７年６月５日の大統領行政命令（「琉球列島の管理に関する大統領行政命令」）に引き継がれました。ただ、留意すべきは、１９５２年４月28日の対日平和条約（「日本国との間の平和条約」。１９５１年９月８日、サンフランシスコにおいて締結）の発効により、その時点からこの大統領行政命令までの時期は、平和条約第３条が米国の沖縄統治の法的根拠とされていることです。平和条約の第３条は、次のような表現で、沖縄を米国の統治下に置き続けることを定めていました。

「日本国は、北緯29度以南の南西諸島（琉球諸島及び大東諸島を含む）嬬婦岩の南の南方諸島（小笠原諸島、西之島及び火山列島を含む）並びに沖の鳥島及び南鳥島を合衆国を唯一の施政権者とする信託統治制度の下におくこととする国際連合に対する合衆国のいかなる提案にも同意する。このような提案が行われ且つ可決されるまで、合衆国は、領水を含むこれらの諸島の領域及び住民に対して、行政、立法及び司法上の権力の全部及び一部を行使する権利を有するものとする。」

つまり、沖縄を日本の本土から分離し、講和後も、米国が日本の国土である沖縄に対する主権を剥奪することに、日本政府が同意したことを意味します。こうして、講和によっても沖縄に日本国憲法が適用されることはなかったのです。

そして、この平和条約第６条(a)の但し書を根拠にして、日米安保条約（「日本国とアメリカ合衆国との間の安全保障条約」）が同時に締結され、発効しました。まさに、米国による、沖縄についての主権の剥奪＝平和条約第３条と、日本全体についての主権の制限＝安保条約とは、同じ法構造の下で成り立ったものであるといえます。（安保条約は、沖縄には、１９６０年に改定された現行条約〔「日本国とアメリカ合衆国との間の相互協力及び安全保障条約」〕が72年の本土復帰で適用されています。）

(3) 施政権返還と憲法

沖縄県民が憲法を取り戻したのは、1972年5月15日の本土復帰（施政権返還）によってです。つまりは、それまでの、大日本国憲法の2年間と日本国憲法の25年間、計27年にわたって憲法をもたない国民と国土が、一国の中に存在したわけであり、このことを確認しておかなければならないと考えます。

1972年の沖縄返還は、69年の佐藤・ニクソン共同声明によって決定されたものですが、その内容は、沖縄における基地の重要性とその機能維持が強調され、復帰後も沖縄の軍事基地が不変であるとの約束を基本とするものでした。これは、県民が叫び続けてきた核も基地もない形での真の復帰に逆行するものであり、交渉内容が明らかになるにつれて、共同声明に沿った復帰に反対する県民の抗議と完全本土並み返還を要求する運動は大きく広がりました。しかし、ここでも、県民の声は封殺され、沖縄返還協定は、共同声明を具体化した形で作成・調印され、沖縄における膨大な米軍基地は、日米安保条約体制下に組み込まれてそのまま存続することになったのです。

その結果、現在、沖縄における米軍基地は、米軍が常時使用できる専用施設に限っても、実に全国の70・4%が、国土総面積のわずか0・6%しかない沖縄県に集中するという状況が現出しています。このことこそ沖縄における県民の人権侵害を惹き起こす元凶となっているのです。

このような状況は、憲法と安保条約との関係でいえば、最高法規である憲法とその下にある法律・命令・規則などによって築かれている国家主権・平和主義・国民主権・人権保障の体系を、安保条約・地位協定と各種の特別法から成る法体系が突き崩し浸食している事態である、と認識することができます。とりわけ沖縄では、今なお、治外法権的様相を呈しているといって過言ではありません。

なお付言すれば、日米安保条約は、これまでにも述べましたように、復帰前の沖縄には適用されるものではない形になっています。規範上も、その第5条は、「各締約国は、日本国の施政の下にある領域における、いずれか一方に対する武力攻撃〔が惹起する〕……共通の危険に対処するように行動する」としています。したがって、施政権下になかった復帰以前の沖縄については、沖縄が武力攻撃を受けても日本国は法的にはその域外に立つ、という構造であったわけです。しかしながら、現実には、当時から、沖縄は、安保条約上の日米両国の共同防衛区域に厳然と組み込まれていました（たとえば、1960年1月19日の「日本国とアメリカ合衆国との間の相互協力及び安全保障条約についての合意議事録」)。条約の文面上は否定しつつ、沖縄に安保条約を適用する仕組みがつくられていたのです(これについては参照、吉田善明・影山日出弥・大須賀明『沖縄と憲法』敬文堂)。安保の性格を考えるとき、重要な問題であるといえます。

3　憲法に照らして安保を診る

(1)　第9条にかんする憲法学説

今日の憲法改正論議では、本来改憲作業のアクターとはなりえない内閣総理大臣が主導しようとする姿勢をしばしば見せています。その際に安倍首相は、「自衛隊を9条に明記すべし」という主張の根拠として、「憲法学者は今でもまだその7割が自衛隊は第9条違反の存在だと言っている、これでは自衛隊員が可哀そうだ」という旨のフレーズをよく唱えます。たしかに、「7割」は別にしても、それほど日本国憲法の平和主義の規範は堅固で、自衛隊も、また安保条約にもとづく米軍駐留も、いずれも許容されるものではありません。憲法学者の多数が、憲法制定以来現在に至るまで、変わらずに違憲の見解に立っているのはきわめて当然です。

学界の通説を概観しておきますと、まず、戦争放棄については、ひとつの立場は、第9条1項で、わが国は国際平和を誠実に希求して「国際紛争を解決する手段」としての戦争、つまり侵略戦争を、諸国の憲法と同様に放棄し、同条2項で、前項に掲げた目的の達成のために一切の戦力の不保持と交戦権の否認を定め、その結果自衛のための戦争をも放棄した、としています。これは、国際紛争解決の手段という言葉を、国際法上の用語に従って理解したものです。もうひとつは、この言葉を文字どおり国際間の紛争一般と解して、第9条1項ですでに自衛戦争を含む一切の戦争が放棄されていると考えるものです。いずれにせよ、この両者は、第9条を戦争と軍備を全面的に禁止した規範と解する結論において一致しています。もっとも、学説の中には、政府解釈と軌を一にする立場や、第9条について憲法変遷が成立したとする主張も出されていますが、なお少数説にとどまっており、戦争を全面放棄したとする解釈が、憲法制定以来今日に至るまで通説としての地位を占めているのです。

ついで、第9条2項の戦力不保持については、通説は、そこで禁止されている戦力とは、軍隊および有事の際にそれに転化しうる程度の実力部隊であると解しています。軍隊とは、外敵の攻撃に対して実力をもってこれに対抗し、国土を防衛することを目的として設けられた人的・物的手段の組織体をいいます。つまり、具体的には、その名称が何であれ、警察力とは異なって、その人員・編成方法・装備・訓練・予算等の諸点から判断して、外敵の攻撃に対して国土を防衛するという目的にふさわしい内容をもった実力部隊を指します。そして、この解釈を一貫させていけば、自衛隊は、その実態に即して判断すると、第9条2項の「戦力」に該当するものとして違憲であるといわざるをえないのです（以上の通説の代表的なものとして、芦部信喜〔高橋和之補訂〕『憲法〔第6版〕』（岩波書店）参照）。

裁判例では、長沼訴訟第1審札幌地裁判決（1973年9月7日）が、この通説に沿った論理に拠って、自衛隊を明確に違憲と判断しています。他方、自衛隊を正面から合憲としたものはなく、最高裁は、いまだに正面からの憲法判断を示していません。

(2) 安保条約：砂川事件——東京地裁判決と最高裁判決

このような憲法9条に照らして、安保条約はどのような法的評価を受けるべきでしょうか。旧安保条約（1960年改正以前）の時期の「砂川事件」判決が重要です。米軍が使用する東京都下砂川町の立川飛行場の拡張工事に反対のデモ行進をして基地内に数メートル立ち入った人たちが、同条約第3条にもとづく行政協定にともなう刑事特別法に違反したとして起訴された事件です。この刑事特別法をとおして、米軍駐留と旧安保条約の憲法適合性が正面から問われました。第1審東京地方裁判所（1959年3月30日判決）は、「合衆国軍隊は単にわが国に加えられる武力攻撃に対する防御にのみ使用されるものではなく、合衆国が極東における平和と安全のために必要と判断した際にも出動しうるのであって、わが国が自衛と直接関係のない武力紛争の渦中に巻き込まれる虞がある」。したがって、わが国が米軍の駐留を許容していることは、指揮権の有無、米軍の出動義務の有無にかかわらず、憲法第9条の禁じる戦力の保持に該当する、と判断して、被告人を無罪としました。

これに対して、検察側の跳躍上告を受けた最高裁（大法廷1959年12月16日判決）は、憲法の禁止する戦力とは「わが国がその主体となってこれに指揮権、管理権を行使し得る戦力をいうものであり、結局わが国自体の戦力を指し、外国の軍隊は、たとえそれがわが国に駐留するとしても、ここにいう戦力には該当しない」。また高度の政治性を有する事柄は、「一見極めて明白に違憲無効」であると認められない限り、司法裁判所の審査には原則としてなじまない、とした上で、安保条約がそれにあたるかどうかについては、米軍の駐留は憲法の趣旨に「適合こそすれ」、違憲無効であることが一見極めて明白であるとは「到底」認められない、と判示しました。なお、こうした最高裁判決を導いた政治的背景に、米国側からあからさまな介入がおこなわれ、そして日本政府・最高裁判所側がこれを唯々諾々と甘受した事実が、今日では米国の公文書によって明らかになっています。

この両判決のうち、東京地裁の憲法判断が、学説とも一致する妥当なものです。しかし、それ以降、改定された現行安保条約にかかわる事件においても、裁判所は、砂川事件最高裁判決を先例として扱っています。この点は、沖縄における訴訟についても同様です。代表的な二つの裁判例を取り上げましょう。

⑶　沖縄の二つの安保関連訴訟

ひとつは、米軍に土地を提供するために安保条約第6条にもとづいて制定されている駐留軍用地特別措置法を用いて、那覇市の所有する土地について使用認定をしたのに対し、同市がこの認定処分の取消しを求めた「那覇市軍用地訴訟」です。那覇市側（親泊康晴市長）は、安保条約・米軍駐留の憲法違反を正面に据え、安保・米軍は、それ自体が憲法前文に違反し、安保条約第6条（在日米軍基地の設置）も前文に違反する。米軍駐留は、憲法第9条2項前段および後段に違反し、安保条約第3条（わが国の軍事力強化の義務づけ）は、憲法第9条2項前段に違反し、条約第5条（日米共同作戦の義務づけ）は、憲法第9条に違反する。そして、駐留軍用地特措法は、憲法前文・第9条、第29条3項、第31条に違反する。したがって、同特措法にもとづく本件各使用認定処分は、憲法第29条3項、第31条に違反し、さらに特措法3条の要件（土地等を駐留軍の用に供することが「適正且つ合理的」であること）を充足してもいないから、違法でもある、と主張しました。

これに対する那覇地裁（1990年5月29日判決）の判示は、「憲法上我が国が主権国として持つ固有の自衛権は何ら否定されておらず、憲法前文や第9条において表明される平和主義も無防備、無抵抗を定めたものではない。それゆえ、我が国が自国の平和と安全を維持し、その存立を全うするために必要な自衛のための措置をとりうることは、国家固有の権能の行使として当然のことというべきである。そして、我が国の平和と安全を維持するための安全保障であれば、その目的を達するにふさわしい方式又は手段である限り、国際情勢の実情に即応して適当な方法を選ぶことができるものというべきところ、我が国がその方法の一つとして選択した安保条約に基づく米軍の駐留は、『日本国の安全に寄与し、並びに極東における国際の平和及び安全の維持に寄与』し、もって、『再び戦争の惨禍が起ることのないやうにする』という目的を有し、かつ、安保条約の前文及び本文の各規定に照らせば、これによって我が国の防衛力の不足を、『平和を愛する諸国民の公正と信義に信頼して』補おうとしたものに他ならないことが窺われる。／右によれば、米軍の駐留を認める安保条約６条は、憲法前文の趣旨に反することが一見極めて明白であるとは、到底認められない。」（／は原文で改行）というものでした。

もうひとつは、同じ駐留軍用地特措法関係ですが、米軍用地の強制使用手続において、知事（大田昌秀）が署名等の代行を拒否したのに対し、内閣総理大臣（村山富市）が当時の地方自治法にもとづいて、署名等代行事務の執行を命じる裁判を求めて提起した「職務執行命令訴訟」（代理署名訴訟）です。１審福岡高裁那覇支部（１９９６年３月25日判決）・上告審最高裁大法廷（１９９６年８月28日判決）とも知事側敗訴となりました。この訴訟では、知事側は、安保条約の違憲については主張せずに駐留軍用地特措法の違憲のみを言う、とする論法を採っていましたが、最高裁は、憲法と安保・特措法の関係について次のような判断を示しました。

すなわち、「日米安全保障条約６条、日米地位協定２条１項の定めるところによれば、我が国は、日米地位協定25条に定める合同委員会を通して締結される日米両国間の協定によって合意された施設及び区域を駐留軍の用に供する条約上の義務を負うものと解される。我が国が、その締結した条約を誠実に遵守すべきことは明らかであるが（憲法98条２項）、日米安全保障条約に基づく右義務を履行するために必要な土地等をすべて所有者との合意により取得できるとは限らない。これができない場合に、当然土地等を駐留軍の用に供することが適性且つ合理的であることを要件として（駐留軍用地特措法３条）、これを強制的に使用し、又は収用することは、条約上の義務を履行するために必要であり、かつ、その合理性も認められるのであって、私有財産を公共のために用いることにほかならないというべきである。国が条約に基づく国家としての義務を履行するために必要かつ合理的な行為を行うことが憲法前文、９条、13条に違反するというのであれば、それは当該条約の違憲をいうにひとしいことになるが、日米安全保障条約及び日米地位協定が違憲無効であることが一見極めて明白でない以上、裁判所としては、これが合憲であることを前提として駐留軍用地特措法の憲法適合性について判断すべきであるし〔砂川事件最高裁大法廷判決参照〕、所論も、日米安全保障条約及び日米地位協定の違反を主張するものでないことを明示している。そうであれば、駐留軍用地特措法は、憲法前文、９条、13条、29条３項に違反するものということはできない。」としたのです。

以上二つの訴訟のいずれの判決も、１９５９年の大法廷判決から一歩も進むことなく（せめて払われてしかるべき１９６０年の安保条約が改定されていることへの留意さえなく）、かつ、実態を見ずに規範の文言を繋ぐだけの論理に終始しています。今、安保体制を考えようとするとき、その展開・変容の実態を、その一端なりともつかんでおくことが不可欠です。

⑷　安保体制の展開・変容

日米安保条約は、これまでに述べてきたとおり、それ自体が日本国憲法から逸脱したものですが、その内容が、米国の世界戦略の展開に対応して大きく変わってきています。とくに、安保が機能する範囲が拡大され、日本の軍事的関与が強化されているのが特徴です。

安保条約は１９７０年に10年間の固定期限が終了しましたが（条約10条）、１９７８年、日米間で「日米防衛協力のための指針」（日米ガイドライン）が合意され、「日本有事」の際には、まずは自衛隊が日本の領域および周辺海空域で対処し、米軍はそれを支援するという役割分担が定められました。「自衛」の範囲の拡張と米軍との一体的運用が図られたわけです。

１９８０年には、海上自衛隊が米国等の環太平洋合同演習「リムパック」に初参加し、翌81年政府は、「シーレーン１００海里防衛」を表明しています。後の集団的自衛権行使容認に連なる動きです。「極東安保」から「アジア太平洋安保」へと変容したといえます。

安保体制は、１９９０年代以降、さらに「グローバル安保」への拡大を見せます。１９９６年の「日米安保共同宣言」を受けた翌97年の「新ガイドライン」は、「周辺事態」における日米協力を定め、そのための「周辺事態法」（1999年）などがつくられました。２０００年代に入り米軍を中心とした多国籍軍を自衛隊が後方支援する体制がとられ、それに対応して、「テロ対策特措法」(２００１年)、「イラク復興支援特措法」(２００３年) など一連の特措法が制定されました。さらに、２００３年の「武力攻撃事態等対処法」や翌04年の「国民保護法」によって「有事法制」の整備が図られました。

そして、２０１２年12月に発足した第２次安倍政権は、「国家安全保障政策」を策定し (２０１３年)、「積極的平和主義」のスローガンを掲げて、米軍等と連携して平時から戦時まで切れ目なく軍事的に対応することを国家戦略としました。そのうえで、遂に、２０１４年７月14日の閣議決定による集団的自衛権の行使容認、それにもとづく翌15年９月19日の「安全保障関連諸法」(安保法制) の制定へと進みました。

安保法制は、日本国憲法の平和主義とまったく相容れず、また日米安保条約を、条約の改定を経ないまま、本格的な地球規模展開の軍事同盟へと展開させる、数々の危険な要素を含んでいます。そのため、これに対しては、憲法９条や安保・自衛隊についての賛否を超えて、その廃止を求める声が多数に及び、また違憲訴訟も提起されています。とくに、米軍基地が集中している沖縄では、米国の戦争に参加するこの法制によって具体的な被害を蒙る危険が高まっており、基地の撤去を求める声を増幅させています。

このように、安保法制のあり方は、国民の未来を左右する根本的な問題として、深く省察することが求められているといえます (安保法制については、本書の他の論文でも扱っており、参照してください)。

4　むすび——沖縄の現在から憲法国家を展望する

今、沖縄から安保と憲法、とくに第９条との関係を見るもっとも適切な事例として、米軍辺野古新基地建設における政府の姿勢をとりあげても誤りではないでしょう。沖縄県は、２０１８年８月、先に２０１３年12月に当時の仲井眞弘多知事がおこなった公有水面埋立ての承認を撤回しましたが、これに対し、政府は、防衛大臣が行政不服審査法にもとづいて執行停止を申立て、これをただちに国土交通大臣が認めて、埋立て工事が再開されました。行政不服審査制度の目的は、本来、行政庁の違法・不当な公権力の行使に対して「国民」が自らの権利・利益の救済を図るところにあります。政府が私人になりすましてこの制度を用いることは、はなはだしい濫用・悪用であって、法治国家の骨組みを自壊させるものです。これを憲法と安保の関係に当てはめるなら、安倍政権は、米軍に基地を提供するために、安保体制に依拠して憲法の制度を破壊した、と言って差し支えないでしょう。

この事態を、倒錯したもので、正常に戻さなければならないと考えるならば、安保体制を憲法の下に服させ、憲法秩序に組み入れていくことが必須となります。これは、法構造にとどまらず、政治的、さらには経済的・社会的構造変革をともなう大事業です。しかし、脚下照顧、日米安保条約自ら、その終了について、いずれかの締約国が通告すれば1年後に自動的に終了する旨定めています（第10条）。条約自体が、早晩歴史の博物館に入るべき遺物であることを自覚しているのであって、「永久の公共財」などではけっしてないのです。

そして、沖縄における人々の努力は、このことをくっきりと示しているように思われます。2018年の玉城デニー知事を誕生させた選挙も、政権側の権力・金力の動員の中で「勝てる要素はなかった」と選挙後に地元紙が明かしたような状況の中での圧勝でした。県民の誇りがこれをもたらしたということができます。こうした沖縄民衆の運動は憲法を支え、むしろ日本全体を救うことになるのではないかとの予感に駆られます。今ここで、この沖縄が提供している範例を一個の槓桿にして、近代憲法を生み出した「人類の多年にわたる自由獲得の努力」（日本国憲法第97条）をとらえかえし、憲法にもとづく国家をつくり直す展望を、大きくもちたいと思います。

平和主義とアジア――平和憲法史観と戦後補償問題――

専修大学教授
内藤光博

1　日本国憲法の背景にある歴史認識――平和憲法史観――

法は、過去の過ちや不正を是正し、国家や社会のあるべき未来像を指し示し、制定されています。したがって、その解釈にあたっても、歴史的背景を踏まえたものである必要があります。

憲法もまた、こうした過去における歴史の反省の上に制定された「歴史の産物」です。つまり、憲法は、一定の歴史認識に立った上で、制定されているのです。

それでは、日本国憲法制定の基盤にある歴史認識とはどのようなものなのでしょうか。

日本は、アジア太平洋戦争の敗戦により、明治憲法から日本国憲法に改正されるにあたり、明治維新に遡る近代化以降の自国中心の国家主義、植民地主義および侵略戦争という歴史的誤りを反省し、内外の戦争被害者の権利回復を中心とする「過去の清算」を行い、国内外ともに平和な社会を築くことが最大の課題とされたはずでした。

このことは、日本国憲法前文が「人類普遍の原理」としての民主主義および自由の価値と平和的生存権をうたい、国際協調主義にたって、非軍事平和主義を規定する憲法第9条による「平和の実現」に最大の価値をおいている点に明瞭に表れています。

そして同時に、前文は、植民地主義および侵略戦争という「過去の誤り」を克服し、恒久平和に基づく国際社会および国内社会の未来像を提示しているものといえます。

このような視点から、日本国憲法の制定に至る歴史的過程をみると、つぎのように理解することができます

1945年8月14日、アジア・太平洋戦争において昭和

天皇は連合国によるポツダム宣言を受諾し、日本は敗戦を迎えました。これにより、主権者である天皇とその政府は、天皇主権の否定＝国民主権の確立、軍国主義の否定と武装解除、戦争犯罪者の処罰、民主主義の復活、封建的諸制度の廃止とともに、台湾や朝鮮半島など植民地の解放を受け入れました。

この意味で、日本国憲法は、直接的にはポツダム宣言で約束した事柄を履行するために制定されたと言っても過言ではありません。

日本国憲法前文は、ポツダム宣言の趣旨を履行し、日本政府が戦争責任を果たす義務と、内外の平和な国際社会の構築の責務を明瞭にしたものといえます。このことはとくに、憲法前文のつぎの文言に表れています。

・日本国民は「政府の行為によって再び戦争の惨禍が起こることのないように決意し、」「この憲法を確定した。」（1項）
・「専制と隷従、圧迫と偏狭を地上から永遠に除去しようと努めている国際社会において、名誉ある地位を占めたいと思ふ。」（2項）
・「全世界の国民が、ひとしく恐怖と欠乏から免かれ、平和のうちに生存する権利を有することを確認する。」（2項）
・「我らは、いづれの国家も、自国のことのみに専念して他国を無視してはならないのであって、政治道徳の法則は、普遍的なものであり、この法則に従うことは、自国の主権を維持し、他国との対等関係に立とうとする各国の責務であると信ずる。」（3項）

こうした日本国憲法前文の内容から、「専制と隷従、圧迫と偏狭」を根底に持つ国益拡大のための侵略戦争と植民地主義という「誤った政策」が「戦争の惨禍」をもたらしたことを深く反省し、全世界の人々が「平和のうちに生存する権利」をもっていることを認め、歴史の連続面としての戦争責任を果たすべきことが、将来的に二度と同じ誤りを繰り返さないための平和な国際社会の構築と結びつけられていることを読みとることができます。

とくに、かつて日本が植民地支配を及ぼしあるいは侵略戦争により生命を奪われ、心身に損傷を及ぼされ、財産を奪われた東アジアの国々の人々と真の和解を果たすことが、平和と友好関係の構築の基本条件であるという歴史認識がそこにはあります。

私は、日本国憲法が基底にもつ歴史認識を「平和憲法史観」と呼び、日本政府には、戦前の日本帝国政府が行った国益拡大のための侵略戦争および植民地支配により戦争被害を受けた被害者に対する「謝罪」と「賠償」の責任を果たす法的責任があると考えています。

2　戦後補償に門戸を閉ざした日本の最高裁

日本の植民地支配およびアジア・太平洋戦争のもとで、強制連行・労働を強いられ、あるいは日本軍慰安婦にされた被害者たちが、１９９０年代以降、日本政府や企業を相手取り、80件に及ぶ「戦後補償裁判」を提起してきました。しかし、地方裁判所や高等裁判所における数少ない勝訴判決や和解による解決の例はあるものの、最高裁判所では、被害者側の上告はことごとく棄却され、全面敗訴となっています。

日本の裁判所が戦後補償裁判に対し最終的に下した被害者敗訴へと導く判例の論理を、２００７年4月27日の最高裁判所の判決にみることができます。

この判決は、中国人被害者の戦後補償訴訟に関わる二つの事件（西松建設強制連行・労働訴訟と慰安婦第2次訴訟）について下されたものです。

判決では、１９７２年の日中共同声明をとりあげ、「戦争の遂行中に生じたすべての請求権を相互に放棄したサンフランシスコ平和条約の枠組みと異なる取り決めがされたということはできない」とした上で、同声明5項により「日中戦争の遂行中に生じた中華人民共和国の国民による日本国又はその国民若しくは法人に対する請求権は、裁判上訴求する権能を失ったというべきであり、そのような請求権に基づく裁判上の請求に対し、同項に基づく日本政府による「請求権放棄の抗弁」が主張されたときは、当該請求は棄却を免れない」としました。

簡単にいうと、１９５２年のサンフランシスコ平和条約、１９７２年の日中共同声明5項は、戦争中に生じた生命・身体・財産上の損害に対する請求権については、戦争当事国である日本と連合国（この裁判の場合は中国）との間でお互いに放棄したのだから、個人の戦争被害も含めて、それらの請求を裁判所に訴えることはできない、ということです。

ただし、ここで重要なことは、最高裁判決では，中華人民共和国の国民（戦争被害者）が損害賠償請求権を有していること自体を否定しているのではなく、日本政府や日本の法人が「請求権放棄の抗弁」をしたときに限り、日本の裁判所は請求を認めないといっている点です。逆にいうと、日本政府や日本の法人が「請求権放棄の抗弁」を主張しなければ損害賠償請求は認められるということになります。

しかし、実際には、日本政府は、連合国との間では1952年の「サンフランシスコ講和条約」第4条(a)、中国との間では1972年「日中共同宣言」5項、韓国との間では1965年「日韓基本条約」に基づく「日韓請求権協定」第2条1項を根拠に、個人賠償請求権を含む一切の請求権は放棄されたとする立場を崩していないことから、戦後補償裁判で、日本政府や企業は「請求権放棄の抗弁」を主張することは明らかです。したがって、最高裁は「請求権放棄の抗弁」論をあえて展開したことにより、事実上、戦争被害者の司法的救済について完全に門戸を閉ざしたということができます。

3　近年の韓国における戦後補償裁判の展開

このように日本の裁判所において、中国や韓国などの戦争被害者たちに、法的救済が図られることはありませんでした。しかし、2010年代に入り、日本で敗訴し母国の韓国で提訴した韓国人被害者らに対して、韓国の大法院(最高裁判所)をはじめとする司法裁判所が、法的救済を認める判決を次々に出しています。

以下では、2018年10月30日の元徴用工事件判決をもとに、日本の戦後補償問題について考えてみたいと思います。

この訴訟では、韓国の元徴用工4名が、新日鐵住金(旧日本製鐵)を相手取り、損害賠償を求めた訴えに対し、ひとり1億ウォンの慰謝料を支払うよう命じたソウル高等法院(高裁)の判決を支持し、元徴用工の賠償請求を認める判決を下しました。

その理由として、大法院はつぎの根拠をあげています。

① 原告らは、朝鮮半島と韓国国民が日本の不法な暴圧的な支配を受けていた状況において、労働の内容や環境についてよくわからないまま、日本政府と旧日本製鐵による組織的な欺罔により動員され、成年に至っていない幼い年齢で家族と離別し、生命や身体に危害を受ける可能性が非常に高い劣悪な環境の中で危険な労働に従事させられたこと

② このような旧日本製鐵の行為は、日本政府の植民地支配及び侵略戦争の遂行と直結した日本企業の反人道的な不法行為(強制動員被害)であり、原告らが精神的苦痛を受けたことは経験則上明白であること

③ 強制動員被害者である原告らは、日本企業に対す

る「強制動員慰謝料請求権」を有すること

④　日韓請求権協定は、日韓両国間の財政的・民事的債権・債務関係を政治的合意により解決するものであり、日本政府の不法な植民地支配により原告らが受けた被害回復のための個人請求権が当然に消滅したとみることはできないこと

⑤　請求権協定の交渉過程で、日本政府が植民地支配の不法性を認めず、強制動員被害の法的賠償を徹底的に否認し、日韓両国政府が植民地支配の法的評価について合意に至らない状況で「強制動員慰謝料請求権」が請求権協定により消滅したので適用対象に含まれたとみることは難しいこと

つまり、日本の植民地支配は不当・違法であり、日韓請求権協定は「強制動員慰謝料請求権」を消滅させるものではなかったので、元徴用工には損害賠償請求権が認められるということです。

この大法院の判決は、日本政府による植民地支配の清算がいまだに終わっていないことを、あらためて浮き彫りにしました。

韓国では、判決当日、李洛淵首相が「司法判断を尊重する。被害者たちの傷が早期に最大限治癒されるよう努力したい。関係省庁や民間専門家を交えて諸般の要素を総合的に考慮し、政府の対応方策を準備する」との政府見解を表明し、韓国与野党やマスコミも、大法院判決を全面的に支持するとしました。

さらに、韓国大法院は、同年11月29日には、元徴用工5人と元女子勤労挺身隊員ら5人が、それぞれ三菱重工業を相手取り、損害賠償を求めた2件の訴訟について、賠償を命じる判決を下しています。この個人請求権を認める大法院判決の法理は、今後も維持され、踏襲されることは間違いありません

4　過去の侵略戦争・植民地主義を省みない日本政府

こうした韓国大法院判決に対して、日本政府は、判決を厳しく批判する声明を相次いで発表しました。河野太郎外相は、判決直後、電話で、韓国の康京和外相に「日韓間の法的基盤が根底から損なわれたことを日本として重く見ている」と伝えています。また安倍晋三首相も、同年11月1日の衆院予算委員会で「(判決は)国際法に照らせばありえない判断だ。日本政府としては国際裁判も含めてあらゆる選択肢を視野に入れて毅然としていく」と述べ、韓国大法院の判決は断じて受け入れられないとの姿勢を示し、

「個人賠償についても日韓請求権協定で解決済み」との従来の政府見解を繰り返しました。

またマスコミも、おおむね大法院判決に批判的で、韓国政府が責任を負うべきなどとして、安倍政権の主張を支持する論評が目をひきました。

こうした日本政府の批判に対し、同年12月に、韓国外交部当局者は「(元徴用工裁判を) 法的な問題とみなすことで両国の不幸な歴史に起因する問題に目をつぶってはならない」「日韓関係には法律だけで解決できない道徳的、歴史的背景があるにもかかわらず、日本が『法的に解決済みの問題であるため責任はない』と主張して問題の根源を無視する態度を見せることは、両国関係にとって望ましくない」と語り、厳しく日本政府を批判しました。

この大法院判決は、日本の植民地支配の法的評価に関わる日韓両国の歴史認識問題と戦争被害者の戦後補償問題について、両国に「深い溝」があることを強く印象づけるものとなりました。

この日韓の戦後補償問題に関する見解の違いには、日韓正常化交渉の過程で、1965年の日韓基本条約および請求権協定の締結にあたり、有償・無償での経済協力という形で請求権協定を決着させた経緯から、1910年の韓国併合条約の法的評価および日本軍慰安婦や徴用工などの戦争被害者に対する個人賠償の問題は棚上げにされてきたという歴史的背景があります。すなわち、請求権協定第2条の「完全かつ最終的に解決」という文言に関する日韓両国の理解が大きく異なる点、つまり一体何について「完全かつ最終的に解決」を見たのかという問題が日韓両国間で曖昧にされてきたのです。

しかし、韓国大法院判決は、「完全かつ最終的に解決」という文言は、元徴用工の強制労働被害などの個人賠償問題は含まれず、「未解決」のままであることを正面から認めました。

5　平和憲法史観に立った東アジアの平和と和解に向けて

上述のように、日本政府と裁判所は、戦後補償裁判において、被害者に対する法的救済の道を完全に否定し、過去の清算に目を閉ざしました。

元ドイツ連邦共和国大統領の故リヒャルト・フォン・ヴァイツゼッカー大統領は、ドイツ敗戦40周年にあたる1985年5月8日に旧西ドイツ国会で行った演説「荒れ野の40年」の中で、「問題は過去を克服することではありません。さようなことができるわけはありません。後になって過去を変え、あるいは起こらなかったことにするわけにはまいりません。しかし過去に目を閉ざす者は結局のところ現在にも盲目となります。非人間的な行為を心に刻もうとしない者は、またそうした危険に陥りやすいのです」と語っています。

生命を奪い、身体や精神に損傷を与え、家庭やコミュニティーを破壊することにより生存の基盤を奪う「重大な人権侵害」である戦争や植民地主義という誤りに対する「過去の精算」は、「過去に目を閉ざすこと」により達成できるものではありません。

憲法学者の稲正樹氏は「日本国憲法は憲法革命として『未完のプロジェクト』たる性格を色濃く帯びることになった。日本国憲法は、その後に達成されるべき政治変革と社会変革の起点でもあったが、その内実は不充分なものであった。世代を超えたプロジェクトとしての憲法革命の実現が求められる」と述べています。

日本国憲法が求めている「過去の清算」はいまだ「未完」のままです。それでは、日本の戦後補償問題について、どのような解決への道筋にしたがって、日本政府が「過去の誤り」を直視し、「真の過去の清算」を果たし、韓国をはじめとするアジア諸国の人々との歴史的和解を果たしていくべきでしょうか。

この問題を考えるにあたり、前述の韓国大法院判決が下された直後に、日本の弁護士有志により出された「元徴用工の韓国大法院判決に対する弁護士有志声明」に大きなヒントがあると思います。その概要は以下の通りです。

① 元徴用工問題の本質は人権問題であること。

徴用工は強制労働であり、奴隷制にあたる重大人権侵害である。この問題の解決のためには、被害者が納得し、社会的にも容認される解決内容であることが必要である。被害者や社会が受け入れることができない国家間合意は、真の解決とはなり得ない。

② 日韓請求権協定により個人請求権は消滅していないこと。

日本の最高裁は、日中間の戦後補償事件に関し、外交保護権は放棄されてはいるが、被害者個人の賠償請求権については「請求権を実体的に消滅させることまでを意味するものではない」と判示している（最高裁2007年4月27日判決）。この法理は日韓請求権協定の「完全かつ最終的に解決」という文言についてもあてはまるとするのが最高裁判所の見解であり、これまでの日本政府の解釈であった。

③　大法院判決は、被害者個人の救済を重視する国際人権法の進展に沿った判決であること。

本件のような重大な人権侵害に起因する被害者個人の損害賠償請求権について、被害者の同意なく、国家間の合意によって一方的に消滅させることはできないという考え方は、個人の人権侵害に対する効果的な救済を図ろうとしている国際人権法の進展に沿うものである。

④　日韓両国が相互に非難しあうのではなく、本件の問題の本質が人権侵害である以上、本判決を機に、被害者個人の人権が救済されなければならないこと。

すなわち、新日鐵住金が大法院判決を受け入れ、自発的に重大な人権侵害の事実と責任を認め、その証として謝罪と賠償を含めて元徴用工の被害者および社会が受け入れることができるような行動をとることである。

このうち④の方向性はきわめて重要であり、これまでの戦後補償裁判においても実例があります。すなわち、中国人強制連行事件の花岡事件・西松事件・三菱マテリアル事件の事例です。これらの事件では、訴訟を契機として、日本企業が事実と責任を認めて公式に謝罪をし、資金を拠出して基金を設立し、被害者全体の救済を図ることで問題を解決しています。

新日鐵住金も、元徴用工の被害者全体の被害回復に向け、事実を認めて被害者に公式に謝罪をし、基金を設立して「被害者全員の被害回復」に向け、一歩を踏み出すべきでしょう。

この声明は、徴用工事件にのみ焦点を合わせていますが、すべての戦後補償問題の解決に向けた普遍的な方向性を指し示していると思います。つまり、「公式謝罪」と「被害者全員の被害回復」こそが、前述の日本国憲法前文で示されている「平和憲法史観」にたち、植民地支配に対する責任と戦後補償責任を果たすこと、すなわち「日本の真の過去の清算」につながり、アジア諸国の人々との真の歴史的和解をもたらす唯一の道となると思うのです。

国家緊急権

中央大学名誉教授
植野妙実子

はじめに

国家緊急権は一般的に「戦争・内乱・天変地異その他によって国家そのものが危急存亡の危機に直面したときに、政府が通常時には遵守すべき憲法その他の法的制約から解き放たれて、国家の安全・秩序を維持するために必要な措置をとることができる権限」と説明されています（『法律学小辞典〔第4版〕』（有斐閣、２００４年）４０７頁）。そしてこのような緊急事態に際しては、執行権すなわち政府への権力集中、人権保障規定の効力の一時停止などがとられるとされています。この定義からは次のような問題点が浮かび上がります。国家緊急権の発動の要因が様々であるにもかかわらず、同一に論じることでよいのか、またどのような手続きを踏んでその権限の行使にいたるのか、その権限行使についての判断が正しいのかどうか検証する仕組みは設けなくて良いのか、ということです。さらに今日では立憲主義、すなわち「憲法に基づいて政治を行うという原理」（同書１２１１頁）が基本とされています。にもかかわらず、国家緊急権は立憲主義体制を停止する状況をさします。このようなことはそもそも認められるのでしょうか。こうした疑問も生じてきます。

日本国憲法には国家緊急権についての規定はありません。そこで、憲法改正により、国家緊急権の規定を憲法の中に盛り込むべきだと主張されています。果たしてそうなのでしょうか。国家緊急権を憲法の中に書くことによって、何が変わるのか、そのあたりも検証してみたいと思います。

1　国家緊急権についての学説

学説上は、国家緊急権を憲法保障の例外として扱っています。憲法保障とは、最高法規である憲法の崩壊を招く政治の動きを事前に予防し、または事後に是正するための措置をあらかじめ憲法秩序の中に設けておくことをさします（芦部信喜〔高橋和之補訂〕『憲法〔第６版〕』（岩波書店、２０１５年）３７４頁）。憲法自身に定められている制度としては、憲法の最高法規性の宣言（第98条）、公務員に対する憲法尊重擁護義務（第99条）、権力分立制の採用（第41条・第65条・第76条）、改正手続における硬性憲法の採用（第96条）、また事後の是正として違憲法令審査制があげられます。さらに超憲法的な根拠によって認められるものとして、抵抗権があり、それと並んで国家緊急権があげられます。しかし、抵抗権は、国家権力が人間の尊厳を侵すような重大な不法を行ったときに、国民が自らの自由と権利を守るために他に合法的な救済手段がないときに、抵抗行為を行うことをさすのに対して、国家緊急権は国家権力が非常事態において、国家の存立を維持するために、憲法秩序の停止を行うことをさし、両者は根本的に異なるものです。国家の存立を維持することの目的は究極的には国民を守るためといえますが、実際には立憲的憲法秩序を停止し、執行権すなわち政府への権力の集中を許すわけですから、立憲主義体制そのものの破壊を招く危険性を孕んでいます。

国家緊急権を憲法自体に書き込んでいる国もありますが、日本国憲法はこれについての定めはありません。そこで学説上も、これをどのように解するか、対立があります。大別すると欠陥説、否認説、容認説に分けられます。

①　欠陥説

「平常時の統治方式をもってしては国内の秩序の維持はもとより国家の存立そのものが危うくされる危機がおこらないとは何人も保証する事はできない」との認識から、「かかる事態に対する権力行使の様式をあらかじめ憲法的に予定しておく必要がある」にもかかわらず、「日本国憲法に非常事態に関する規定をおいていない事は、むしろ法の欠陥である」とする説です。しかしこの説は、無条件に国家緊急権を認めるというものではなく、憲法の枠内に立憲的な制度として予定しておくことが望ましいとするものです。国家緊急権の絶対的条件として、憲法の秩序の維持・回復という目的と緊急事態の存続期間の一時性・臨時性をあげています。また、立憲的緊急権のミニマムな条件として次のようなことをあげています。緊急権の条件及び効果は憲法もしくは法律で定められるべきこと、緊急権の発動の決定権は議会に留保すべきこと、緊急権の終期は発動時に明定されるべきこと、緊急権の効力は必要最小限を超えてはならず、永久的であってはならないこと、緊急権行使の責任を追及する制度を設けるべきこと、これらが主張されています（大西芳雄『憲法の基礎理論』（有斐閣、１９７５年）２０５頁以下）。

② 否認説

「憲法及び法律による国家緊急権の制度化が、果たしてどれだけの現実的機能と意義をもちうるか」と欠陥説を批判して、「緊急権に関する憲法の沈黙は、憲法の基本原則に憲法自ら忠実であろうとする当然の結果として、むしろ積極的な政治＝社会的意義を認められるべきである」とする説です。そして「緊急権制度は有害か無用かという選択しか残されない」、民主主義防衛の方策は「緊急権よりも基本的人権に対する国民の憲法感覚と意志の育成にある」と主張します（小林直樹「緊急権」『日本国憲法体系⑴』（有斐閣、１９６１年）２１１頁以下）。国家緊急権が規定されていないことにむしろ積極的意味を見出そうとする説です。

③ 容認説

日本国憲法の下でも国家緊急権の行使は可能、容認されているとする説です。その根拠については「必要性の原則」と「不文の原理」とがあげられます。「必要性の原則」を根拠にする説は、日本国憲法には緊急状態に関する規定がないので、それに関する法律をあらかじめ定めることは憲法上許されないが、必要があったときに「それを克服するのに必要な最小限度の措置を立法部、または行政部においてとる事とするより他はない」とする説です（河原畯一郎「マーシャル・ルール、反乱、緊急事態」ジュリスト１６３号38頁以下）。後者の「不文の原理」を根拠とする説は、「非常事態がおこったとき、憲法の規定にかかわらず、それに即応する非常措置をとりうる事は、不文の原理である」とする説です。但しその際、個人の自由と権利の保障を核とする憲法秩序の維持ないし回復を図るとする目的の明確性の原則が必要で、非常措置の一時的かつ必要最小限度性の原則、濫用阻止のための責任制の原則が貫徹されなければならないとしています（佐藤幸治『憲法〔第３版〕』（青林書院、２００１年）50頁）。

学説においては、国家緊急権を厳格に憲法で位置づけるなら想定外の緊急事態の場合に対応が困難となるという問題が生じ、また包括的・抽象的に定めるだけということになれば、国家緊急権に対する実効的な統制が失われ、濫用の危険性が増すというジレンマがあることが指摘されています。

2　憲法改正と国家緊急権

憲法改正の動きは、１９９０年代から再び活発化しましたが、党是として憲法改正を謳う自民党は、２００５年10月に新憲法草案を発表し、２０１２年4月に新たに日本国憲法改正草案を発表しています。ここでは２０１２年以降にどのような国家緊急権が憲法改正の中で提案されているかを見ていきます。

まず、２０１２年の日本国憲法改正草案の中では、「第9章　緊急事態」と称し、第98条に緊急事態の宣言、第99条に緊急事態の宣言の効果を定めています。第98条の1項は「内閣総理大臣は、我が国に対する外部からの武力攻撃、内乱等による社会秩序の混乱、地震等による大規模な自然災害その他の法律で定める緊急事態において、特に必要があると認めるときは、法律の定めるところにより、閣議にかけて、緊急事態の宣言を発することができる」と定め、2項は「緊急事態の宣言は、法律の定めるところにより、事前又は事後に国会の承認を得なければならない」と定めます。また3項後段は、「百日を超えて緊急事態の宣言を継続しようとするときは、百日を超えるごとに、事前に国会の承認を得なければならない」としています。4項は国会の承認について、衆議院の優越を認めています。第99条1項は「緊急事態の宣言が発せられたときは、法律の定めるところにより、内閣は法律と同一の効力を有する政令を制定することができるほか、内閣総理大臣は財政上必要な支出その他の処分を行い、地方自治体の長に対して必要な指示をすることができる」と定め、2項はこれらの政令の制定や処分が、法律の定めるところにより、事後に国会の承認を得なければならない、とします。3項は、緊急事態の宣言が発せられたときには「何人も、法律の定めるところにより、当該宣言に係る事態において国民の生命、身体及び財産を守るために行われる措置に関して発せられる国その他の公の機関の指示に従わなければならない」とし、その場合においても、法の下の平等、意に反する身体の拘束の禁止、思想及び良心の自由、表現の自由等の基本的人権に関する規定は最大限に尊重されなければならない、としています。4項は、緊急事態の宣言が発せられたときには「法律の定めるところにより、衆議院は解散されないものとし、両議院の議員の任期及びその選挙期日の特例を設けることができる」としています。

これらの規定から次のことが指摘できます。①緊急事態の宣言の根拠が多岐にわたっており、同一に論じられるか疑問であること、②内閣総理大臣が閣議にかけて緊急事態の宣言を発することとなっており、内閣総理大臣の判断が大きな意味をもっていること、③これに対し国会の承認は「事前又は事後」で、十分なコントロールやチェックができるか疑問であること、④百日という緊急事態の期間は長すぎること、⑤政令や処分に対する国会の承認が事後になっていること、⑥「法律の定めるところにより」という言葉が多用されており、ときの国会の多数派にその内容が委ねられる形になっていること、などがあげられます。そもそもこの改正の条文の中に緊急事態に関する原則が見出されません。すなわち欠陥説や容認説において指摘されていたような、国家緊急権を発する目的の明確性、その目的に適合する手段や範囲の設定の適合性、すなわち必要最少限度の緊急権の行使の原則、濫用防止のための責任性の原則、国会からの効果的なコントロールや司法権からのチェックもここには書かれていません。さらに国家緊急権の行使にあたる政府の責任追及の仕組み・のちの検証の仕組みについても言及されていません。極めて危険な規定の仕方であると指摘できます。この憲法改正案はもともと公益による自由や権利の規制を定めているので、緊急事態下における自由や権利の規制は一層厳しくなることが予想されます。

この改正草案と同時に示された『日本国憲法改正草案Q&A』においては、国家緊急権につき、「このような規定は、外国の憲法でも、ほとんどの国で盛り込まれているところです」と解説されていますが、国家緊急権を定めていない国もあり、フランスのように定めていてもその活用に危険があると、研究者が警鐘を鳴らしている国もあります。

2017年5月3日、安倍首相は、憲法改正を目指す「公開憲法フォーラム」において第9条1項・2項に加えて自衛隊を明記すること、高等教育の無償化を明記することを憲法改正の内容として示し、2020年までに成し遂げたいとビデオメッセージで述べました。これに関しては、首相自らが率先して憲法改正の旗振りをするのは、公務員の憲法尊重擁護義務に反すること、改正を決めるのは最終的には国民であり、首相に期限を区切る資格はないことが指摘できますが、この中には国家緊急権についての言及はありませんでした。

２０１７年9月28日、長らく放置された臨時国会召集の末に、臨時国会がようやく開催されたと思ったら、その冒頭で解散の宣言がなされ、衆議院議員選挙となりました。この選挙の中で自民党は憲法改正項目として、自衛隊の明記、教育の無償化、緊急事態対応、参議院の合区解消をあげていましたが、この選挙において憲法改正自体の優先度は高いとはいえませんでした。しかしながら、選挙結果は自民党の圧勝となり、２０１８年3月25日に自民党は憲法改正たたき台素案を発表しました。その内容は、教育の無償化が教育の充実となりましたが、それ以外は選挙中に示された改正項目と同じものが示されました。

そこでは、緊急事態について、内閣の事務を定める第73条の次に追加する形で、第73条の2として1項に「大地震その他の異常かつ大規模な災害により、国会による法律の制定を待ついとまがないと認める特別の事情があるときは、内閣は、法律で定めるところにより、国民の生命、身体及び財産を保護するため、政令を制定することができる」とし、2項に「内閣は、前項の政令を制定したときは、法律で定めるところにより、速やかに国会の承認を求めなければならない」としています。この他、国会の章の末尾に、大地震その他の異常かつ大規模な災害により、国会議員の選挙の実施が困難であるときの法律で定めるところによる特例措置の追加を示しています。

ここでは、「大地震その他の異常かつ大規模な災害により」と根拠を示しており、一見自然災害を理由とする緊急事態に限る想定かと思われます。しかし、国民保護法（武力攻撃事態等における国民の保護のための措置に関する法律）によれば、「武力攻撃災害」という言葉を使っており、緊急権発動の根拠が自然災害だけを意味していないことが明らかです。ここでも緊急事態の対処のための政令についての判断は、内閣に委ねられています。政令に対する国会の承認は事後であって、事前には国会のコントロールもチェックもききません。また「法律で定めるところにより」という文言がどの条項にも入っています。先述の批判が全て当てはまります。

国家緊急権をなぜ憲法に書き込む必要があるのかについても充分な説明がありません。ただここで、第9条の自衛隊の明記とともに出てきたことが象徴的にその理由を現しているといえます。現行憲法の第9条2項は「戦力の不保持・交戦権の否認」としており、まさに戦争の放棄、すなわち、国家が戦争をしないことを前提としています。それゆえ日本国憲法は、戦争に関わる緊急事態を設定する必要がないのです。しかし、2項を残すとはいえ、自衛隊を明記することで、自衛隊の存在・活動は憲法上容認されることになります。結果的に自衛隊は様々なところで多くの戦闘に直接・間接に関与することになり、緊急事態を招くリスクが大いに高まり、憲法に書き込む必要が出てくるのです。

3　法律による緊急事態の制度化

既述したように、現行憲法に国家緊急権についての定めはありませんが、法律においては次のように様々な場面で緊急事態の発令が予定されています。外部から武力攻撃が発生した事態の内閣総理大臣の自衛隊の出動命令（自衛隊法第76条）、間接侵略その他の緊急事態に際しての内閣総理大臣の治安維持のための出動命令（自衛隊法第78条）、大規模な災害または騒乱その他の緊急事態に際しての、国家公安委員会勧告に基づく、内閣総理大臣の治安維持のための緊急事態の布告（警察法第71条）、激甚災害の際の内閣総理大臣の緊急事態の布告（災害対策基本法第１０５条）などがあります。また２００３年の有事関連3法、２００４年の有事関連7法の成立を経て、さらに２０１５年9月に安全保障関連法が成立していますが、その中核である武力攻撃事態法（武力攻撃事態等における我が国の平和と独立並びに国及び国民の安全の確保に関する法律）は現段階における緊急事態基本法の性格を有していると指摘されます。この法律は、武力攻撃事態、武力攻撃予測事態、存立危機事態を定めていますが、存立危機事態は、いわゆる集団的自衛権の行使にあたるものです。この法律においては、第２章「武力攻撃事態等への対処のための手続等」、第３章「武力攻撃事態等への対処に関する法制の整備」、第４章「緊急対処事態その他の緊急事態への対処のための措置」としており、政府が武力攻撃事態等に至ったときの対処基本方針を定め、必要な法制を整備し、措置をとることが定められています。これらの法律にあっても、学説上指摘されている国家緊急権をめぐる諸原則、国家緊急権を発する目的の明確性、その目的に対応する手段や範囲の設定の適合性、必要最少限度の緊急権の行使の原則、濫用防止のための責任性の原則、国会からの効果的なコントロールや司法権からのチェックなどについては触れられていません。国家緊急権の行使にあたる政府の責任追及の仕組みやのちの検証の仕組みについても言及されていません。原則についての検討がされないまま、法律での整備が進んでいます。

ところで、このように緊急事態には内閣総理大臣や内閣の判断が大きな意味をもっています。そこで内閣の任務にこうした権限が含まれるのかが問題となります。憲法第73条は、内閣の職務を、「他の一般行政事務の外」として1号から7号までを掲げますが、一般的に一般行政事務と第73条の1号から7号までの職務以外にも、憲法上に定められているいくつかの任務、例えば、第79条1項の最高裁判所の長たる裁判官以外の任命のようなものがあります（高田篤「第73条」『新基本法コンメンタール憲法』別冊法学セミナー210号（2011年）386頁）。しかし、緊急事態における内閣総理大臣の判断を認める根拠となる条文は存在しません。また65条は「行政権は内閣に属する」としていますが、行政権の意味については立法権と司法権の作用を除いた他の作用を意味するという控除説と、行政とは国家目的の積極的実現をめざして行われる統一性をもった継続的な形成的な国家活動とする積極説の対立があり、行政権の内容は実は明確ではありません。「行政権」の中に緊急権を含めて、内閣総理大臣に一括して認める根拠は薄いといえます。他方で、第73条の1号には「法律を誠実に失効し、国務を総理すること」があげられていますが、この場合の法律は立憲主義の原理から、最高法規である憲法の理念や原則が反映したものであるべきといえます。

まとめにかえて

緊急事態が布告されたら、私達の自由や権利が大幅に制限されることになります。戦争状態に関わる国家緊急権が現行憲法に定められていないことは、あくまでも平和を追求することが求められているからです。それならば自然災害のときはどのようになるでしょうか。自然災害においては局地的・地域的であることが予想され、地域の首長にまず判断が委ねられるべきものでしょう。それぞれの緊急事態に見合ったふさわしい方法を議論していくべきで、一括して内閣総理大臣に大きな権限を委ねることになる、憲法改正には賛成できません。また法律において定めるとしても緊急権をめぐる原則や条件を十分に検討して、最小限の行使に留められるようにしていかなければなりません。

Ⅲ 幸福を追求する

第Ⅲ部【幸福を追求する】は、日本国憲法の第三章「国民の権利及び義務」の諸規定の肝心かなめの規定は、多様な「個人の尊重」とそうした各人が自分らしさ（identity）を実現していくために必要な平等原則と、各種の自由を通じて各自の「幸福を追求する」ことを保障している第13条であるとの前提に基づく6章から成ります。

その内訳は、第10章・芹沢斉『個人』の尊重から『人』の尊重への変更が意味するもの」、第11章・右崎正博「憲法と情報──報道・取材の自由、特定秘密保護法、共謀罪と盗聴法改正、公文書管理法」、第12章・中村安菜「移民、難民」、第13章・清野幾久子「働き方改革、介護」、第14章・成嶋隆「教育勅語・道徳教育」、第15章・藤野美都子「福島の事故から考える原子力発電」です。

いずれも、日本国憲法の目指す国家・社会像と2012年に発表された自民党の改憲案によって招来されるかもしれない国家・社会像を対比的に明らかにし、そのうえで第10章は原理的問題に焦点を当て、第11章から第15章までの5章は、安倍政権の下で改憲案の目指す国家・社会像を先取り型に実現されていく立法や施策を批判的に検討するものです。

（芹沢　斉）

「個人」の尊重から「人」の尊重への変更が意味するもの

青山学院大学名誉教授
芹沢　斉

はじめに

安倍首相が、現行憲法を改正して、東京オリンピックの開催される２０２０年には改正憲法が施行されるようにしたいとの野望を明らかにしたのは、２０１７年５月３日の憲法記念日に開かれた「日本会議」の集会へのビデオ・メッセージを通じてのことであった。そして、翌年３月に開かれた自民党大会でいわゆる改憲４項目（①現行憲法第９条１、２項を維持したまま、第９条の２を新設して自衛隊を明記、②緊急事態条項の新設、③参院選挙区の「合区」解消、④教育機会の充実）を承認し、その早期実現を目論んだ。しかし、改憲４項目とは、ただただ改憲の実現という結果を求めるに急で、それ自体としては体系性に欠ける代物である。加えて、政権を取り巻くさまざまな負の政治現象により、その行程表は一頓挫をきたしているのが現状である。

そうはいっても、そもそも自民党は、１９５５年の結党以来、憲法改正＝自主憲法制定を党是に掲げる政党であるから、これまでも憲法改正に対して積極的な姿勢を取ってきたし、その姿勢はこれからも変わらないだろう。そうであるとすれば、現行憲法との比較検討対象としては、今回の改憲４項目提案よりも、２０１２年の自民党憲法改正草案（以下、「２０１２年改正草案」という）をこそ取り上げるべきではなかろうか。というのは、まず、この２０１２年改憲草案は、自民党が同年12月に政権復帰する前の野党時代に、同党の改憲志向を最大限かつ体系的に条文化したうえで正式に機関決定までした最新のものだからである。そしてなにより、そこには現行憲法第13条に対応する改正規定が含まれていて、比較が可能だからである。

ところで、本論に入る前に、憲法とは何かを確認しておきたい。ある国家にとっての憲法とは、その骨格ないし「国のかたち」を決め、あるいはまた、その社会に暮らす人々の基本的な関係を示すものである。したがって、そのような国家や社会の根幹にかかわる重大な事項を変更する・しない、憲法改正に賛成する・反対するの決定は、熟慮に熟慮を重ねた後になされるべきことであって、一気呵成になされるべき事柄ではない。このことの確認は、改憲草案の国会提出から国会における審議、そして国会の発議後、国民投票にかけられるまで、いずれの段階においても十分な議論が戦わされる時間の確保の必要性へと導くだろう。

1 「憲法を考える」ことと歴史認識

「憲法を考えることは、国を思うこと、生活を見つめること」。これは、衆議院の憲法調査会事務局が２０００年——この年は憲法改正論議を進展させるために衆参両院に憲法調査会（現在の呼称は憲法審査会）が設置された年である。——の憲法記念日向けに作成・公表した意見募集ポスターの標語である。そこにある「国を思う」とは、「ふるさとを思う」ように「国を思う」、つまり故郷を愛するように国を愛する心をもつことではない。国は誰がどのように支配するのか、言い換えれば国の主権者は誰で、その意思はどのように表明され、実現されていくのかという国の政治の仕組みを構想することである。また、「生活を見つめる」とは、多くの国民が幸福感を味わえるような生活あるいは人間関係はどのようにしたら築けるのかという問いに対して答えを探すことである。すなわち、「憲法を考える」ことは、相互に密接に関連しあっている両者の総合なのだと言っているわけである。わたしは、短いが含蓄のある文章だと評価している。

そこで、「国を思う」ことと「生活を見つめる」ことの両面から、より具体的に「憲法を考え」てみよう。その際、有用なのは、明治時代の中期に当たる１８８９年に制定・公布され、翌１８９０年11月の帝国議会の開会をもって施行されるに至った大日本帝国憲法（以下、明治憲法という）と、第二次大戦における日本の敗戦の結果、受諾せざるを得なくなったポツダム宣言を具体化するものとして成立をみた日本国憲法（以下、現行憲法という）の比較検討である。

まず、「国を思う」についていえば、明治憲法にあっては現人神（あらひとがみ）としての天皇が「統治権ヲ総攬」するとされていて、その下で、憲法学説としては、穂積八束や上杉慎吉の唱えた天皇主権説と美濃部達吉や佐々木惣一の唱えた天皇機関説が対立しながら存立しえた。また、現実政治としては、一方で「大正デモクラシー」が成り立ちえたし、ある時期には議院内閣制こそ「憲政の常道」という考え方が支配的な地位を占めることもできた。しかし他方、議会がほぼ大政翼賛会に占拠され、内閣もまた軍部出身者が総理大臣の地位を占める太平洋戦争期の軍部独裁もありえた。要するに、これらの事象は、政治体制のありかたや現実政治の動向に対して憲法の規制力が十分には機能しなかったことを示している。

これに対し、現行憲法では、天皇制はかつてのそれとは大きく異なる象徴天皇制となり、統治機構を作り上げる原理としては国民主権主義や権力分立主義が採用され、それに基づく政治の仕組みが議会制民主主義を中心に構築され、さらには人権侵害立法に代表される違憲な法令に対しては裁判所の審査権が保障されている。両者を比較したとき、政治権力を縛る憲法の規範性にはかなりの差があるといえる。

次に、「生活を見つめる」についてはどうだろうか。明治憲法にあっては、そもそも「法の下の平等」条項は存在せず、皇室は別としても、国民は皇族・華族と平民に区別され、また、「家」の中でも親子・男女・長幼等に応じて差別があった。さらに、天皇より「臣民」に賦与された諸々の権利は「法律ノ範囲内」で認められるにすぎなかった（第22条、第29条その他の権利保障規定）。つまり、天皇が臣民に与えた権利であるから、天皇の立法権とそれに協賛する議会の共同作用（第5条、第37条）によって自在に制限されるという法構造だったのである。

これに対し、現行憲法は、すべての国民の平等を保障し、多様な人格の持ち主である諸個人がそれぞれの幸福追求のために様々な自由権を保障されるとしている（第13条、第14条）。また、社会や経済の仕組みが原因で人間らしい生活を送ることができない人には「健康で文化的な最低限度の生活を営む権利」、つまり生存権も保障している（第25条～第28条）。そして、これらの権利は「基本的人権」とされているのである。明治憲法と現行憲法の両者を比較したとき、多くの人が幸福な生活を送ることのできる確率は、どちらの方が高いかは言うまでもないだろう。

ところで、積極的な改憲論者には歴史修正主義者が多い。彼らは、現行憲法に親和的な歴史認識を「自虐史観」と非難し、かつての大日本帝国のありようを美化する傾向をもっている。はたして、彼らの志向する憲法改正が陽の目をみたとき、どのような国家が、あるいは社会が目の前に現れるだろうか。この問いに答えること自体はそんなに難しいものではない。しかし、日本の中で可視的に差別されてきた沖縄において典型的な形で見られるように、戦争の前線としての基地や住民に対する人権侵害が身近な問題として議論され、そこに言論封殺や虚言および過剰な装飾が施される情報環境——例えば、沖縄タイムズと琉球新報の「沖縄二紙は、つぶさんといかん」との攻撃、あるいは基地の所在地にもともと住んでいた住民が銃とブルドーザーによって住み慣れた土地から追い立てられ、そうした住民が仕方なく基地の周辺に移り住んでいるという歴史的事実を歪める、「沖縄の米軍基地反対派の住民は、すでに基地のあるところに後から移り住んできたのだから、基地のありようについてとやかく言う資格がない」という趣旨の発言、さらには沖縄の経済に基地の寄与する割合が実際よりも高く見積もられていること等々——におかれるとき、戦争を体験していない世代がそれに抗するには、正しい歴史認識に基づいて想像力を養い、それを働かせる以外に道はない。こうして歴史認識の問題は、憲法を考えることに直結するのである。

2　現行憲法と2012年改憲草案の比較

先に、「憲法を考える」とき、二つ以上の憲法（案を含む。）の比較が有用であり、また、歴史認識に裏打ちされた「想像力を働かせる」ことの重要性を述べた。それにしたがって、ここでは、いずれも人間の尊重について述べている現行憲法第13条と2012年改憲草案第13条を「比較」の対象に設定し、前者から後者に変更された場合、国家や社会の像にいかなる変容が加えられるのかを「想像」してみたい。

さて、両者の比較に移ろう。現行憲法第13条は、「①すべて国民は、個人として尊重される。②生命、自由及び幸福追求に対する国民の権利については、公共の福祉に反しない限り、立法その他の国政の上で、最大の尊重を必要とする（①②は便宜上付したもので、原文にはない。以下、同様）」と定めている。これに対し、2012年改憲草案第13条は、「①全て国民は、人として尊重される。②生命、自由及び幸福追求に対する国民の権利については、公益及び公の秩序に反しない限り、立法その他の国政の上で、最大限に尊重されなければならない」と定めている。「すべて」を「全て」に置き換え、「最大の尊重を必要とする」

を「最大限に尊重されなければならない」と言い換えている部分は、意味上の変化をもたらしてはいない。こうした微細な変更はともかく、重要な変更点は二つある。すなわち、①の部分で、「個人として」が「人として」に、②の部分で、「公共の福祉」が「公益及び公の秩序」に変更されている点である。そして、この2点の変更こそ、自民党の改憲案が志向する国家・社会像に直結するのである。以下、①②の部分の変更について、順番に考えることとする。

3 「個人」の尊重と「人」の尊重はどう違うか。

(1) 「個人」から「人」への変更

まず、「個人」を「人」に変えること、あるいは「個人」の字を削除することで何が意図されているのだろうか。自民党の憲法改正推進本部は、ホームページにおいて改正の趣旨や改憲草案に関するQ&Aを発表し、あるいは漫画政策パンフレットを制作するなど積極的に自らの改憲草案をアピールしているが、この「個人」から「人」への変更点については明確な説明をしていない。その一方で、「個人」と「人」の相違に目くじらを立てるべきではないとの意見も漏れ伝わってくる。後者の意見を素直に受け入れるならば、「個人」と「人」は言葉としての相違を気にする必要がないことになり、そうである以上、あえて変更する必要もないということになろう。しかし、改憲草案自らが、第13条では「人」を用いながら、家族に関して、「家族は、社会の自然かつ基礎的な単位として、尊重される。家族は、互いに助け合わなければならない」との項目を新設した第24条の3項では、現行憲法と同様、「個人（の尊厳）」を用いているのだから、「個人」と「人」の使い分けは意識しているはずである。

(2) 「個人」の尊重と「人格」

このように、「個人」から「人」への変更の意図は明らかにされていない。しかし、あえて変更を加える以上は、隠された意図があるはずである。とすれば、推論するしかないが、はっきり言えることがある。それは、「個人」あるいは「個々人」は多様であることが自明であり、多様性こそ「人格」の根源であって、多様性なしには「人格」概念は成り立たないということである。だからこそ現行憲法は、個人の尊重という基本原理からすべての国民が「人格」の持ち主として等しく尊重されなければならないとの平等原則を導き出しているのである。

ここで、「人格」の持ち主としての個人が等しく尊重されなければならないという個人の尊重原理と平等原則との結びつきについて敷衍しておきたい。というのは、属性においてさまざまに異なる個人が等しく扱われるべきであるということは、一筋縄で理解できる簡単な話ではないからである。換言すれば、「異なる存在に対し、なぜ平等取扱いが要請されるのか」という問いに対して、明確な答えが用意できなければ、相違を根拠に据える差別的取り扱いがまかり通ってしまうおそれが強いからである。では、前述の問いに対して、どのような答えが用意できるか、あるいは用意されてきたであろうか。一つの答えは、「個人個人は違っている。だからこそ平等なのだ」という、相違していることと平等取扱の要請を順接的関係で捉えるものである。すなわち、この考え方は、個人個人が違っていることから、その存在の唯一無二性を導き、すべての個人がこの世にたった一人しかいない貴重な存在として尊重されるべきことを等しく要求する。したがって、この平等要請は、人格の唯一無二性を根拠としてその尊重を要求する限りですべての個人に妥当し、したがって一切の例外を認めないので、絶対的平等とよばれる。もう一つは、「個人個人は違っている。そうであるにもかかわらず平等に扱われるべきである」という、相違していることと平等取扱いの要請を逆接的関係で捉えるものである。すなわち、この考え方は、個人個人が違っている以上は、違った扱いを受けることがあることを認める、場合によっては違った扱いを受けることの方が当然であると考え、そのうえで、それでも人間なら誰しもが有する人格の尊厳に反するような別異の取り扱いは許されないとするのである。こちらの平等は、ある事柄について別異の取り扱いがなされているとき、そのうちのある種のものは人格の尊重に照らして許され、ある種のものは許されない、と分けて考えることになるので相対的平等とよばれる。

こうして区別される絶対的平等と相対的平等ではあるが、いずれも「平等」観念の基底に諸個人の「人格」という概念を据えていることがわかる。ただし、前者は、一切の異なる取扱いを排除するだけに、現実社会で作用することが求められる個々の法制度を組み立てるに際しては通用しづらいという特徴を有することとなる。これに対し、後者は、正当性や合理性が担保される限りで異なる取扱いを容認するから、具体的法制度を組み立てるにあたっての原理として妥当する範囲が広いという特徴を有する。

(3) 「人」の尊重とは

ところで、これまでは多様性から導かれる「人格」の主体としての個人および個人の尊重について見てきたが、これに対して、多様性に基づく「人格」と切り離された「人」とは、どのような存在をイメージしたらよいのであろうか。私の目には「のっぺらぼう」のような存在に映る。「のっぺらぼう」とは、広辞苑によれば、一つには、「滑らかで凹凸なく、つかみどころのないこと。また、そういうもの」とあり、二つには、「丈高く、顔に目鼻口のないばけもの」とあるが、私の言う「のっぺらぼう」とは、その二つを混ぜ合わせたような存在、つまり、顔に目鼻口がないため相互の区別がつかず、つかみどころのない存在である。言い換えれば、一人ひとり容貌や姿態の異なる生身の人間から切り離された抽象的な人間ということになる。

そのような「人」＝「抽象的な人間」を尊重するということの規範性は、どのように理解すればよいのだろうか。まず、『『尊重』されるべき『人』を尊重しないこと、そのようなことはしてはならない」という意味での禁止規範性もしくは不作為義務性を探るとすれば、おそらくはナチスドイツの下でのユダヤ人虐殺のような、まさに人間としての存在を抹殺することが禁止されるということは言えるだろう。ただ、それを超えて何か有意義な禁止規範性が導かれるとは思えない。

次に、「『人』を『尊重』しなさい」という意味での積極的な作為義務性はどうか。この点については、少なくとも個性の尊重という規範性は喪失せざるをえない。この脱個性化を平等との関係で表現するならば、すべての人間を画一的に扱ってもよいし、あるいは一定の基準に従って差別をしてもかまわないということを意味するだろう。この最後のことと、改憲草案の前文で日本国民は「和を尊び」とされていることを併せ考えるならば、次のような危惧が生ずる。つまり、人がその帰属する団体内に整序され、当該団体の色に染まる限りで正規の成員とみなされるが、団体と折り合いの悪い人は排除もしくは差別されても仕方がないという現代の日本社会の集団主義的ありようが憲法上追認されてしまうというおそれである。そして、このおそれは部分社会にとどまらず、全体社会においても構造化する。その一端は、安倍首相が２０１７年夏の東京都議会議員選挙の応援演説に際して、安倍政治を批判する人々を指して発したとされる「こんな人たち」発言に現れている。ここにはすでに、権勢に与する人とそうでない人の差別と排除が実態として存在しているのである。

4　「公共の福祉」から「公益及び公共の秩序」への変更の意味するもの

(1)　現行憲法における「自由」と「民主」

現行憲法第13条と2012年改憲草案第13条の比較検討という課題のうち残っているのは、前者の「公共の福祉に反しない限り」が後者の「公益及び公の秩序に反しない限り」に変更されると、どういう事態が待ち構えることになるだろうかという問題である。そして、この「公共の福祉」から「公益及び公の秩序」への変更こそ、「自由」と「民主」をその名に冠する自民党の改憲草案が、現行憲法の描く「自由で民主的な国のかたち」を根本から作り変えようとする重要ポイントなのである。以下、逆説に満ちたこの国家改造案の意味を検討することにしよう。

まず、現行憲法は、個性を持つ諸個人が自ら幸福と思う状態を作り出すため原則として各人が自由に活動することを認めている。これが幸福追求権であり、それは活動領域ごとに多様な自由の形態をとることが予想されるので、憲法は精神活動の自由から経済活動の自由まで各種の個別的自由権を保障しているのである。しかし、各人の幸福追求活動は相互に衝突することがある。例えば、「原発廃止」を訴えてデモ行進をする人と静かな生活環境の下で読書したい人が近接した状況にある場合を考えてみればよい。この場合、どちらか一方のみを認めるのではなく、基本的には自己の立場と相手の立場の互換性を認めたうえで、両者の調整を図る必要がある。憲法は、そのための基準を「公共の福祉に反しない限り」と表現しているのである。上記の例で言えば、夜間はデモ行進を自粛し、読書好きの人も昼間は一定程度の音量は我慢するというような調整であり、このような衝突回避が自主的に行われる限りで「立法その他の」公権力がでしゃばる必要はない。このことを反対側の視点から言えば、「××してはいけない」風に取り締まる公権力の活動は、自主的調整に任せてはおけないという事態が確実に予測されるときになって初めて登場を許されるということである。

ところが、ここにひとつの問題が生ずる。「自主的調整に任せてはおけないという事態」は、その発生確率を考えたとき、国民の自主的解決能力の高低に依存するのであって、このような能力が客観的に測定されない以上、公権力担当者が主観的に国民の自治能力を信頼しているのか、それとも懐疑的に見ているかによって、公権力の発動が要請される確率が変わってくるのである。もちろん、信頼は規制を少なくし、懐疑は規制を多くする。そのこと自体は是非が問われるべき問題ではない。実際に、国民の間にそのような能力が十分にあるとは思われないとき自由放任の政策を取れば、社会は混乱するであろうし、逆にその能力が国民に備わっているときには、規制は過剰なおせっかいと受けとめられよう。

そして、現代の日本社会において、これまで存在してきた規制を緩和し、「自由化」しようとの意見や主張が高まり、政策としても実行に移されていることは事実として確認できるから、少なくとも従来の日本社会においては国民の自治能力が高く見積もられることはなかったといえる。しかしながら、昨今の「自由化」が、国民の能力に対する信頼を根拠に打ち出されているか否かは別である。というのは、公権力担当者が、「自由化」した後の日本社会がどうなるかは知ったことではない、「あとは野となれ山となれ」というように自己の政治責任を顧みずに「自由化」論を弄んでいる可能性は否定できないからである。こうして、政策に結実する政権選択は主権者たる国民の手に委ねられる。

「自由」の次に「民主」の問題を考えてみよう。現行憲法が想定する民主的政治過程とは以下のようなものである。社会には多様な考えがあることを前提に、ある問題に関して、多様な考え方が自由に表現され、活発な議論が交わされるなかで、「そんな考えもあるのか」「この問題の解決には別の方法もありうるのか」という新たな発見がなされることにより、これまで保持してきた自らの意見を取り替える人が出てくる。すなわち、公共の場で、公的な問題に関し、さまざまな意見や考え方が交換され、その行き交うのを見守る人々の中に自己の意見をチェンジする人が現れる。それが積もり積もって政権の交代につながる。すなわち、民主主義的政治過程にあっては「自由」と「民主」は連結しているのである。

(2)　「公共の福祉」の意味

ところで、「公共の福祉」という言葉は、これまでいろいろな意味で用いられてきた。第一に、例えば、水害の防止のように、共同体成員のすべてに共通な利益や善に適うことを意味し、「公共善」とか「共通善」とも呼ばれてきた。この意味の「公共の福祉」の実現は、古今東西、政治の責務であった。第二に、「福祉国家」という場合の「福祉」を意味することがある。すなわち、社会経済的強者の権利を制限し、かれらに負担を課すことによって社会経済的弱者への配慮・給付を行う政策を指す場合である。この場合、強者と弱者では一見、利益が相反するように見えるが、結果として社会内の対立・分裂が緩和され、社会の安定につながるという意味では社会全体の利益に適う。第三が、先ほど挙げた人権相互の矛盾・衝突を調整するための原理、言い換えれば社会に生ずる各種の問題を限りなく公平・公正に解決していくために欠かせない原理である。そして第四に、「公共の福祉」が「公益（公共の利益）」や「公の秩序」と同義に用いられた例もある。

たしかに、第三の「公共の福祉」の内容は一義的に明白とは言えない。しかし、なんらかの自由権行使が「公共の福祉に反する」という理由で規制を受けたとき、被規制者側が当該規制を「違憲」と訴えた多数の事例において、最高裁判所以下の違憲法令審査権を行使する裁判所が「公共の福祉」の意味内容をある程度明らかにしてきている。そうした先例における判断の集積から、しだいに第三の「公共の福祉」の内容の明確化が図られてきている一方、いくつかの判例においては、第四の「公共の福祉」の使い方も散見される。

(3)　「公益及び公の秩序」を主張しうる者

現行憲法第13条の「公共の福祉に反しない限り」から改憲草案第13条の「公益及び公の秩序に反しない限り」への変更は、いかなる問題をひきおこすのだろうか。この変更の危険性を理解するためには、二つの視角が必要となる。

第一に、「公益及び公の秩序」において核心を占める「公」が、これまでの日本社会でどのように扱われてきたかを見なければならない。まず、「公」は「私」との対比において捉えられてきた。すなわち、「公」は国家や団体ないし全体を指す言葉であり、これに対して「私」は個人や部分を指す言葉として用いられ、この「公」と「私」の対比において「公」が当然のごとく優先し、極端な場合には「滅私奉公」まで要求された。このような言葉の使用法の歴史が振り返られなければならない。

第二に、それに重なる形で、「公益（公共の利益）」や「公の秩序」という言葉を使用し、その中身に実は自己および自己と同一の勢力の「私益」を潜り込ませることのできる者がいるということである。もちろん、そのような機会や資格を与えられた者とは、多数決民主制の政治過程における勝者であり、かれらに限られている。少数派や社会の主流に属さない者の利益はあくまでも「私益」であり、「公益」に対して貶められた利益でしかない。「私益」は「公の秩序」の中に正当な居場所を与えられなかったのである。換言すれば、「公の秩序」とは今の社会の多数派や主流に位置する者にとって都合の良い秩序であった。

したがって、前記の改憲が実現すると、勝者や主流派の地位を揺るがしかねない言論等は、「公益及び公の秩序」に反するものとみなされ、取り締まられかねないのである。そして、自由な言論が抑圧され、多様な見解が情報流通過程に登場することを妨げられることにより、民主政治の破壊につながるのである。現に、改憲先取り的な法制、すなわち戦前の軍機保護法に類似する特定秘密保護法、治安維持法に類似する共謀罪法等が成立しているのである。これが「自由」と「民主」を旗幟とする政党が描く近未来の日本の姿である。将来の日本がそんな社会になってほしくないと思うのは私だけだろうか。

憲法と情報――報道・取材の自由、特定秘密保護法、共謀罪と盗聴法改正、公文書管理法

獨協大学名誉教授
右崎正博

1　はじめに――憲法と情報の原理

日本国憲法は、国民主権と人権保障そして平和主義を基本原理として成立しています。国民主権の原理とは、この憲法の下で最高の意思決定権をもつ「主権者」は国民であり、国政は主権者である国民の意思にしたがって決定され、運営されていかなければならないということ、つまり民主主義の原理を意味します。また、人権保障の原理とは、国民はすべての基本的人権の享有を妨げられず、この憲法が国民に保障する基本的人権は「侵すことのできない永久の権利」として現在と将来の国民に対して与えられることを意味しています。さらに、平和主義の原理とは、日本国が戦争を永久に放棄し、そのために陸海空軍その他の戦力を保持せず、国の交戦権を認めないという徹底した平和志向の立場を表しています。

これら三つの基本原理は、相互に支え合う関係にあり、国民の意思に基づく政治の実現によって国民の基本的人権と平和を確保することができ、また、国民の基本的人権が十分に確保されることで国民主権も平和も十分に実現することになりますし、さらに、平和は民主的な政治と国民の基本的人権を確保するための条件です。

そして、このような三つの基本原理を支える位置にあるのが「情報」といえます。「情報」に対する権利は「知る権利」ともいわれ、それ自体が重要な基本的人権の一つですが、十分な「情報」が国民に共有されてはじめて民主主義は成熟したものとなりますし、十分で正確な「情報」に裏付けられた政策が平和主義を実現可能にします。その意味で「情報」は、憲法の基本原理と不可分の関係にあると

いえます。

必要な情報が主権者である国民に与えられない、あるいは、国民が必要な情報を獲得する手段を持たないところでは、そもそも情報に対する権利は保障されておらず、民主主義は機能せず、平和主義も実現できません。本稿では、情報の自由な発信や入手、交換や流通あるいは受領に制約を課す最近の立法のいくつかを検討することによって、憲法の精神の実現がいかに阻害されているかを明らかにしてみたいと思います。

2　報道・取材の自由と国民の「知る権利」

「報道機関の報道は、国民が国政に関与するにつき、重要な判断の資料を提供し、国民の『知る権利』に奉仕するものであって、報道の自由は、表現の自由を規定した憲法21条の保障のもとにあることはいうまでもない。また、……報道が正しい内容をもつためには、報道のための取材の自由も、憲法21条の精神に照らし、十分尊重に値するものといわなければならない」（博多駅事件テレビフィルム提出命令事件最高裁大法廷決定昭44・11・26刑集23－11－1490）。

これは、報道機関が取材・報道したときの資料が裁判を行うために必要だとして、裁判所から発せられた文書提出命令の可否が問われた事件で、最高裁判所が下した決定のなかで述べられた言葉です。憲法第21条は、「集会、結社及び言論、出版その他一切の表現の自由は、これを保障する。」としていますが、報道機関の「報道の自由」や報道のための「取材の自由」については触れられていません。そこで、憲法による「表現の自由」の保障が「報道の自由」や「取材の自由」を含むものなのかが問われることになりました。

最高裁の判断は、報道の自由は憲法第21条が保障する表現の自由に含まれる、報道のための取材の自由も憲法第21条の精神に照らし十分尊重に値する、というものでした。しかも、報道の自由や取材の自由は、国民が国政に関与するにつき、重要な判断の資料を提供し、国民の「知る権利」に奉仕するものであるからだと述べられました。

ここに見られる最高裁の考え方をもう少し広げて受け止めれば、憲法第21条による表現の自由の保障は、たんに「表現する自由」の保障だけを意味するものではなく、送り手から発せられた表現や意見や情報を受け手が「受領する権利」（つまり「知る権利」）の保障を含むものだということです。近年では、この「知る権利」は、送り手から発せられた表現等の受領を国家によって不当に制限されない

「知る自由」の保障だけでなく、政府を含む「公的機関から情報を得る権利」の保障も含むものと解されるようになってきています。

ところが、２０１２年12月の第二次安倍政権の発足後、特定秘密保護法（13年12月６日）、安全保障関連法（15年９月19日）、共謀罪法（17年６月15日）など、いずれも国会会期末ぎりぎりに強行採決によって成立した諸法律が、報道の自由や国民の知る権利を制約するものであるために、憲法が掲げる国民主権（民主主義）や人権保障、平和主義の原理に暗い影を投げかけるようになってきました。しかも、安倍政権は「憲法改正」を掲げてきましたから、報道の自由や国民の知る権利の制約が拡大する流れと安倍政権が目指している憲法改正案の中身を照らし合わせると、民主主義や人権保障、平和主義の原理そのものが切り縮められてしまうのではないかとの危惧も広がっています。

実際に、第二次安倍政権下では、報道機関の報道や市民の言論・表現に対する政権による介入事例が多発しています。その特徴は、政権の意向に沿わない異なった意見に対する不寛容さにあります。その一部を例示してみます。

(1)　「ビッグコミックスピリッツ」（小学館）２０１３年５月12日号に掲載された「美味しんぼ」の「福島の真実㉓」に、主人公が福島を訪ねた後で鼻血を出すシーンが描かれていました。これに対して、安倍首相が「根拠ない風評に国として対応」とのコメントを発したほか、環境相「被曝と鼻血に因果関係ない」、官房長官「正確な知識を」、復興相「非常に残念で遺憾」、消費者相「根拠ない差別を助長」、文科相「よく勉強して描くべき」などの批判が相次ぎ、その結果、同誌は６月２日号で連載中止を決め、同年12月に刊行された単行本『美味しんぼ』１１１巻「福島の真実２」で主人公が鼻血を出す描写は残されましたが、被爆との因果関係をめぐるセリフなど10か所以上が修正されました。

(2)　２０１４年11月18日に総選挙を前にしてＴＢＳの「ＮＥＷＳ23」に安倍首相が出演した際、アベノミクスをどう評価するかという街頭インタビューでの「市民の声」の取り上げ方について意図的な編集をしたのではないかと批判、その後、自民党はＮＨＫと民放５局に選挙報道の「公正中立」を要請する文書を送付、テレビ朝日「報道ステーション」には「公平中立」を求める文書を送付しました。

(3)　２０１４年５月14日に放映されたＮＨＫ「クローズ

アップ現代」の「出家詐欺」報道について、事実と異なることが明らかになったとして、放送法第４条の「報道は事実をまげないですること」に抵触したとの理由で、総務大臣がＮＨＫに対して「厳重注意」の行政指導を発動し（２０１５・４・２８）、それに先立つ２０１５年４月17日に、自民党の情報通信戦略調査会が事情聴取を行いましたが、安倍首相は、放送法に基づく措置であり適法であると擁護しました。それについて、「放送倫理・番組向上機構」（ＢＰＯ）の「放送倫理検証委員会」が、「放送への介入は許されない」とする意見を公表しています（２０１５・11・７）。

(4)　産経新聞２０１５年11月14日付けと読売新聞11月15日付け紙面に、ＴＢＳの「ＮＥＷＳ23」のキャスター岸井成格氏の発言を「放送法４条違反」として非難する「意見広告」が「放送法遵守を求める視聴者の会」を名乗って掲載され、２０１５年末から２０１６年初にかけて、テレビ朝日「報道ステーション」の古舘伊知郎氏、ＮＨＫ「クローズアップ現代」の国谷裕子氏、ＴＢＳ「ＮＥＷＳ23」の岸井氏の３月末での交代が相次いで報じられた。いずれも代表的な報道番組を担ってきたキャスターである。これらの人たちの交代は、

メディアに圧力を強める安倍政権と無関係とは考えにくいものがありました。

その他にも、報道機関に対する介入と受け止められかねないような対応もありました。日本放送協会（ＮＨＫ）は、放送法により設置された特殊法人であり、放送事業者として放送における表現の自由を保障され（第１条）、放送番組編集の自由を認められています（第３条）。ＮＨＫには経営に関する最高意思決定機関として経営委員会が置かれていますが、その12名の委員は、両議院の同意を得て内閣総理大臣が任命するとされています（第31条）。安倍首相は、自分に近い考え方を公言する作家の百田尚樹氏らを経営委員に任命し、その経営委員会が、放送法第52条により、経済界から籾井勝人氏をＮＨＫ会長に起用しました。籾井会長は、就任記者会見の席で「特定秘密保護法案」を容認する発言をするなど政権寄りにバイアスのかかった発言を繰り返し、ＮＨＫの報道姿勢にも疑問を投げかけました。

安倍政権による報道機関に対する干渉や介入は、国際社会でも大きな危惧を引き起こしました。その象徴的な現われが、パリに本拠を置く「国境なき記者団」による「報道の自由度ランキング」における日本の地位の低下です。２０１０年の鳩山内閣の時には「報道の自由」度で世界11

位と評価されていたものが、安倍内閣再登場後の２０１３年には53位、14年には59位、15年には61位、16年には72位と順位を下げつづけました。

3　特定秘密保護法

２０１３年12月６日に強行採決により成立した特定秘密保護法は、報道の自由と国民の「知る権利」を制約し、政府が「説明責任」を果たすための情報公開に逆行するとして強く批判されました。この法律が定めている内容は、次のようなものです。

⑴　防衛、外交、特定有害活動（スパイ活動）の防止、テロリズムの防止の４分野を対象として、公になっていないもののうち、その漏えいが我が国の安全保障に著しい支障を与えるおそれがあるため、特に秘匿することが必要であるものについて、行政機関の長が「特定秘密」に指定する権限を持ちます（第３条）。

⑵　特定秘密の指定は５年を超えない範囲内で有効期間が定められますが、最長30年まで延長が認められ、内閣の承認がある場合はさらに30年、通算60年まで延長が可能です。さらに「武器、弾薬、航空機その他の防衛の用に供する物」、「現に行われている外国の政府又は国際機関との交渉に不利益を及ぼすおそれのある情報」など７項目に該当する場合は、無期限で秘密とされます（第４条）。

⑶　特定秘密を取り扱う公務員、契約に基づいて特定秘密を取り扱う事業者の従業員に対して、適性評価が実施されます。この適性評価はあらかじめ対象者の同意を得て行われますが、その範囲は、配偶者、父母、子及び兄弟姉妹、配偶者の父母及び子、同居人にまで及び、評価の対象事項は、氏名、国籍、住所、犯罪歴・懲戒歴、薬物の濫用及び影響、精神疾患、飲酒の節度、信用状態その他の経済状況に及びます（第12条）。

⑷　特定秘密の取扱いに従事する者が業務により知得した特定秘密を漏えいした場合には、10年以下の懲役及び１千万円以下の罰金、それ以外の者で業務により特定秘密を知得した者がこれを漏らした場合は、５年以下の懲役及び５００万円以下の罰金に処され（第23条）、外国の利益を図るなどの目的で、人を欺き、暴行、脅迫、財物の窃取、施設への侵入、不正アクセス行為などにより、特定秘密を保有する者の管理を害する行為により特定秘密を取得した者は、10年以下の懲役及び１千万円以下の罰金に処されます（第24条）。

これらの行為の共謀、教唆、扇動も処罰対象とされます（第25条）。

政府が保有する一定の情報を「秘密」として主権者である国民の知り得ないところに置く法律は、日本国憲法の国民主権、人権保障、平和主義という三つの基本原理と根本的に矛盾し、憲法を実質的に否定する効果を生みます。

第1に、国民主権の原理との矛盾です。国民主権が十分に機能するためには、国民が国政に関する事項について十分な情報をもち、あるいはそれに容易にアクセスすることができ、その情報に基づいて主権者としての意思形成がなされることが前提です。ところが、特定秘密保護法は、そのような前提に反して、防衛・外交など国民が大きな影響を受ける可能性がある重要な問題について、情報の入手や伝達あるいは取材や報道を厳しく制限しています。これでは、国民が情報を与えられず、また情報を獲得する手段がない状況を生み出し、国民主権が拠って立つ基盤そのものを失わせてしまう危険があります。

第2に、日本国憲法は、基本的人権を「侵すことのできない永久の権利」（第11条、第97条）と呼び、人権の不可侵性を強調するとともに、表現の自由（第21条）や幸福追求権（第13条）などさまざまな自由と権利を列挙しています。そのなかに報道の自由や取材の自由、国民の知る権利の保障が含まれ、また、プライバシーの権利の保障が含まれることはいうまでもありません。ところが、特定秘密保護法は、行政機関の長が指定した場合に、漏えいや取得を厳罰により禁止しており、取材や報道の活動にとって大きな制限要因となり、国民の知る権利を制約する危険性が大きく、適性評価制度もプライバシーの権利を侵害する危険性があります。

第3に、日本国憲法は、前文で平和的生存権の保障を確認するとともに、第9条で戦争の放棄と戦力の不保持、交戦権の否認を定め、徹底した平和主義の立場を採用しています。このことからすれば、軍事や防衛に関する情報が秘密として保護されることが自明であるとはいいがたく、軍事や防衛に関する情報については、平和主義の原理に照らして厳しく精査されなければならないはずです。ところが、特定秘密保護法は、防衛や外交、テロリズム防止など国民の生存を左右しかねない重要な情報であればあるほど、国民の目から遠ざけてしまう構造をもっています。このような法律は、本質的に憲法の平和主義の原理と矛盾せざるを得ません。

4　共謀罪と盗聴法改正

２０１７年6月15日、強行採決によって成立した「組織的な犯罪の処罰及び犯罪収益の規制等に関する法律等の一部を改正する法律」(組織犯罪処罰法改正)は、２７７の犯罪について新たに「共謀罪」を導入しました。共謀罪とは、テロリズム集団その他の組織的犯罪集団の団体の活動として、犯罪行為を実行するための組織により行われる行為の遂行を2人以上で計画した者を、その計画に基づき資金や物品の手配、関係場所の下見その他の準備行為が行われたときに、処罰するという犯罪類型であり、犯罪行為がまだ実行に移されていない段階で「共謀」自体を犯罪として処罰しようとするものです。その意味で、共謀罪は、本質的に予防的な性格をもっています。

共謀罪の処罰対象とされるのは、別表第四に掲げられた罪のうち4年以上の懲役又は禁錮の刑が定められている罪に当たる行為とされ、別表第四には２７７の犯罪が列挙されていますから、当然、処罰対象となる範囲も広範囲に及びます。また、この改正法は、テロ対策のためという名目を与えられたため、「テロリズム集団その他の組織的犯罪集団の団体の活動として」と規定されましたが、そもそも「テロリズム」や「テロリズム集団」とはなにかが定められていません。そのため、取り締まりをする側の恣意的な判断の余地を排除できませんし、「その他の組織的犯罪集団」というに至っては、ほとんど限定はなきに等しいものです。

表現の自由の保障から導かれる考え方の一つに「事前抑制の禁止」の法理があります。これは、表現行為によって害悪が生じることがあるとしても、その害悪を避けるために表現行為を事前に禁止することは原則として許されず、害悪が生じた後に事後的に処罰等の制裁を科すことが原則とされなければならないという考え方です。共謀罪は犯罪の遂行についての「合意」によって成り立つので、コミュニケーション行為(表現行為)がなされたことを前提とするものですが、その行為によって惹起される害悪はいまだ生じていない段階で処罰を加えようとするものですから、実際には「事前抑制」になります。しかも、表現行為は内心における思考の表出ですから、表現行為の規制は、内心における思考そのものの制約と紙一重であり、絶対的保障を受ける内心の自由(思想・良心の自由)を脅かしかねません。

具体的にどのような事例が想定できるか、国会の審議の過程で、次のような事例が起こるおそれがあると指摘されました。

(1)　日照への影響など住環境の悪化を心配して高層マンション建設に反対する住民たちが建設予定地の入り口に座り込みによる工事阻止を計画して、住民らの一部の者が座り込みに使う折り畳み椅子をスーパーで購入し、予定地前の桜並木の下を歩いて帰ったというような場合、住民らに組織的威力業務妨害罪が適用される可能性があり、住民らの集まりが「その他の組織的犯罪集団」とされ、折り畳み椅子の購入や予定地前を通って帰ったことが「物品の手配、関係場所の下見」に当たるとされて、共謀罪を適用されるケース。

(2)　ある合唱サークルが音楽発表会で披露する合唱曲を決め、楽譜をコピーして練習に使うことを計画し、メンバーの一人が楽譜一冊を購入した場合、楽譜をコピーしてメンバーに配り、それを練習に使う行為は、著作権法違反になる可能性があり、合唱サークルが「その他の組織的犯罪集団」とされ、楽譜の購入が「準備行為」に当たるとされて、共謀罪を適用されるケース。

また、次のような事例も想定されます。

(3)　基地建設に反対する住民たちが、建設工事を強行しようとする防衛施設庁の測量の実施を阻止しようとして建設予定地前の道路への座り込みを計画し、地図を購入して調べるとともに現地を視察したというような場合に、住民らの座り込みに対し組織的威力業務妨害罪が適用されることがあり、住民らの集まりが「その他の組織的犯罪集団」と見なされ、地図の購入や現地の視察が「物品の手配、関係場所の下見」に当たるとされて、共謀罪を適用されるケース。

(4)　ある新聞社がその時に起こっていた国際紛争に対して「戦争法」の発動を準備していると疑われる兆候を察知して、安全保障会議の構成メンバーである大臣宅に記者を張り付かせ、取材拒否にあっても、事実関係についての確認を必ず求めることを編集会議で決定し、記者がその大臣の自宅の割り出し作業に着手したというような場合、組織的強要罪あるいは特定秘密取得罪が成立する可能性があり、新聞社が「その他の組織的犯罪集団」と見なされ、編集会議での決定や大臣宅の割り出し作業が「準備行為」とされて、共謀罪を適用されるケース（平岡秀夫＝海渡雄一『新共謀罪の恐怖』緑風出版、２０１７年）。

共謀罪がもつ問題性は以上にとどまりません。共謀罪はまだ具体的な犯罪行為に着手されておらず、したがって具体的な危険や害悪が発生していない段階で成立しますから、その摘発の捜査は、人々の会話や電話やメールでのやり取りの内容など、人と人とのコミュニケーションから察知せざるを得ません。そのため、勢い人々の行動や交流を監視して、共謀の端緒をつかもうとすることになります。

そのための手段として容易に想定できるのは、疑わしいと判断した人物に対する盗聴による監視の拡大です。1999年に導入された「犯罪捜査のための通信傍受に関する法律」(いわゆる盗聴法)は、当初、通信傍受(盗聴)による捜査の対象となる犯罪を薬物犯罪、銃器犯罪、集団密航の罪、組織的殺人の4類型に限定していましたが、2016年の法改正により、爆発物使用罪、殺人罪、傷害・傷害致死罪、現住建造物等放火罪、略取・誘拐等の罪、逮捕監禁・逮捕致死傷罪、詐欺・恐喝罪、窃盗・強盗・強盗致死傷罪、児童ポルノ製造・提供罪を含むように対象犯罪の範囲が拡大されています。共謀罪の成立により、この対象範囲がさらに拡大されて通信傍受(盗聴)による捜査が一般化する可能性があります。

さらに危惧されるもう一つの問題は、密告の横行です。共謀罪に係る組織犯罪処罰法第6条の2には「ただし、実行に着手する前に自首した者は、その刑を軽減し、又は免除する。」という自首減免規定が付けられていますが、自首した者が捜査に協力すれば必ず有利な扱いを受けられるとするような規定は、密告を奨励するものであり、国民の倫理観を著しく損なうことになりかねません。

5 公文書管理法

安倍政権は、2012年に政権に返り咲いて以降、特定秘密保護法、安全保障関連法、共謀罪法と強行採決を繰り返してきましたが、その裏で、故意の文書不作成、意図的な公文書隠し、さらには公文書の改ざんまで繰り返し、政府に説明責任を課した公文書管理法や情報公開法を踏みにじってきました。具体的に明らかにされた事例は、次のようなものです。

(1) 安倍政権は、安全保障関連法の強行に先立って、これまで憲法上許されないとされてきた集団的自衛権の行使を容認するという憲法解釈の変更を閣議決定によって行いましたが(2014・4・7)、その際に、憲法解釈の変更を伴う重大な案件であるにも関わらず、内閣法制局と与党との協議記録や内閣法制局内部での協議記録を作成していなかったことが明らかになり、さらに国会での質疑に備えて用意された「想定問答」が、最終的に採用されなかったという理由で、「行政文書」に当たらないとして情報公開請求を拒否するという対応をして批判をされました。

(2)　南スーダンに派遣された陸自ＰＫＯ部隊の「日報」が廃棄済みとして、文書不存在を理由に情報公開を拒否されましたが、後にデータの存在が明らかとなり、しかも、そこには「戦闘」があったとする記述があったため、ＰＫＯ派遣の前提が失われていて、それを隠すために廃棄したのではないかという疑いが生じ、防衛大臣の関与も疑われて、結局、辞任せざるを得ない事態にまで発展しました。さらに、イラク派遣の陸自、空自の部隊の「日報」についても、ないとされていたものが一部発見されるなど、制服組が防衛大臣にも事実を隠していたことが明らかになり、シビリアン・コントロールが機能していない現状を浮き彫りにしました。

(3)　大阪市の学校法人森友学園への国有地払い下げに関する決裁文書が改ざんされるという暴挙も明らかになりました。これについても、財務省が、森友学園との交渉記録はない、売買契約の締結により事案が終了したので、関係文書はすでに廃棄したと述べてきていました。しかし、後に、交渉記録がないどころか、決裁済みの公文書が改ざんまでされていたこと、改ざんされた部分には首相夫人の昭恵氏への言及があったことが明らかにされています。それだけではなく、国会に対しても、隠蔽工作がなされ、改ざんされた虚偽文書が提出されていたことが明らかになっています。

(4)　国家戦略特区による加計学園への獣医学部設置認可に際し、「総理のご意向」「官邸の最高レベルがいっていること」などと記載した文書が文科省に残されていることが明らかとなり、最初は「怪文書」扱いをしましたが、結局、その文書が存在することを認めざるを得ませんでした。しかし、文科省は、この文書は担当者が上司に報告するために作成した個人的な備忘録であり、「行政文書」には当たらないという言い逃れをつづけています。また、２０１５年４月２日に加計学園、愛媛県、今治市の関係者が首相官邸を訪問し、柳瀬首相秘書官と面談した際に、柳瀬秘書官から「本件は首相案件」であるとの発言がなされた旨を記録した愛媛県文書も明らかにされましたが、これも職員の個人的な備忘録であり、「行政文書」には当たらないとされています。

公文書管理法や情報公開法は、政府の活動を公文書として記録に残し、それを国民に公開することで政府の活動を検証し、監視できるようにし、国民に対する説明責任を全うさせるための法制度を定めていて、民主主義を支える基盤にほかなりません。だからこそ、公文書管理法は、公文書が「健全な民主主義の根幹を支える国民共有の知的資源」であるとしていて、この法律が国民主権の理念にのっとり、国民に対する説明責任を果たさせることを目的とするものであること（第1条）、その目的を達成するために「行政機関における経緯も含めた意思決定に至る過程並びに当該行政機関の事務及び事業の実績を合理的に跡付け、又は検証することができるよう、処理に係る事案が軽微なものである場合を除き、……文書を作成しなければならない」（第4条）としています。

もしも、公文書が故意に作成されず、意図的な公文書隠しや公文書の改ざんが行われるとしたら、国民の「知る権利」は損なわれ、民主主義は成り立ちません。これら一連の出来事を通して見えてくるのは、安倍政権が官邸ぐるみで国政を私物化してきた実態です。それは、民主主義を破壊する暴挙以外の何物でもありません。しかも、関係者の間で事実を究明しようとする努力はほとんどなされてきていません。防衛省や財務省、文科省のなかで隠蔽工作が行われていたことを担当大臣や総理大臣が知らなかったというのであれば、それは行政組織に対するガバナンスの欠如、喪失にほかならず、監督責任や任命責任が問われます。

6　むすび——改めて憲法の原理について

第二次安倍政権以降、特定秘密保護法や共謀罪などが反対意見をねじ伏せるようにして成立させられてきていることに触れましたが、これらの法律は、報道の自由や取材の自由、国民の知る権利など、憲法が保障するとりわけ重要な人権の保障に大きな脅威を与えてきており、「国境なき記者団」が毎年発表する「報道の自由度ランキング」で日本は72位までランクを下げ、世界中の人たちから危惧を抱かれている状況にあります。そういう状況を見れば、人権や民主主義の達成度を検証し、それがより保障される体制を確立することこそが、私たちに課された喫緊の課題であるというべきです。

ところが、安倍首相は、一連の問題に対する責任を回避しながら、他方で「改憲」を掲げています。その内容は、憲法第9条1項と2項を維持しつつ「自衛隊を明記」するというものですが、このような改憲は、第9条2項（戦力の不保持・交戦権の否認）を死文化させ、1項（戦争の放棄）を変質させる危険があります。多くの国民は、災害派遣に献身する自衛隊の姿を見ていますが、イラク派遣部隊や南スーダンＰＫＯ派遣部隊の活動の実態については、国民にほとんど知らされていません。唯一の手掛かりとされてきたのが「日報」ですが、それが国民の目に触れる前に早々に破棄され、あるいは墨塗りで隠蔽されている現状です。正確な情報を知らされないまま、国民に適正な判断を期待することはできません。自衛隊について冷静な判断を国民に求めようとするのであれば、何よりも自衛隊について正確で真実の情報を国民に知らせる必要があります。自衛隊につきまとう違憲の疑いを払拭するために「改憲」が必要だなどという議論は、問題の本質を見誤らせるものです。

さらに２０１８年12月28日には、首相官邸報道室が、菅官房長官の記者会見において、東京新聞望月衣塑子記者の、辺野古基地工事における赤土問題についての質問に「事実誤認」があるとして、内閣記者会宛てに文書を発して「問題意識の共有」を申し入れました。これは、政府の認識と異なる見解や立場を事実誤認として排除しようとするものにほかなりません。菅官房長官は、望月記者の質問に対し、「あなたに答える必要はない」とまで述べ、国会答弁においても、望月記者の質問を「決め打ち」だとして、質問制限と回答拒否を正当化しています。

政府の認識だけを「正しい」とし、批判や疑問を許さず、政府の意に沿わない記者の質問を封じることは、取材・報道の自由を侵害し、国民の知る権利を制約するもので、許されるものではありません。そのことは、結局、憲法の民主主義と人権保障そして平和主義が拠り所とする多様な情報の存在を否定するものにほかならないからです。

日本国憲法が描いている民主主義と人権保障そして平和主義の原理に裏打ちされた国家のあり方を思い起こし、確信をもってそのような国家を実現していく努力を積み重ねていきたいものです。

移民、難民

日本女子体育大学准教授
中村安菜

1　日本の中の外国人と外国人への人権保障

(1)　日本で生活する外国人の増加

日本で中長期にわたり生活している残留外国人の数は、法務省が発表している統計によると、２０１７年末の時点で、２５０万人を超えています。この数字は、その前年度と比較すると7・5％の増加で、過去最高の記録とのことです。東日本大震災があった２０１１（平成23）年を境として在留外国人数の増減傾向をみると、２００７（平成19）年から２００８（平成20）年から２０１１年までの間は、２００８（平成20）年をピークに、２０１１年まで緩やかな減少傾向だったことが明らかになります。一方、東日本大震災の翌年の２０１２（平成24）年に、前年度と比べて若干の数の減少がみられたものの、２０１３（平成25）年以降の在留外国人数は、増加の一途をたどっています。２０１４年末における前年末との増加率が2・7％であるのに対し、２０１６年末のそれが6・7％、２０１７年末が7・5％であるという事実は、日本国内に居住する残留外国人の数の近年における急激な増加を示しています。

残留外国人の数の増加傾向とは逆に、少子化に伴い日本国民の人口が急激に減少していることは、皆さんもご存知だと思います。約1億3千万人とされている人口が、内閣府のホームページに発表されている統計を見ると、２０６０年には約9千9百万人にまで減少するといわれています。少子化と同時に、日本社会の高齢化・超高齢化も進んでいます。そして、15歳から64歳までの、いわゆる生産年齢人口が２０６０年には4千5百万人弱にまで減少するという試算もでています。これは、1人の老人を現役世代1・2人で支えるという状態を生み出します。

そこで、2018年に成立した「出入国管理及び難民認定法の一部を改正する法律」（改正出入国管理法）が示すように、外国人材の受け入れ拡大方針が、法律の形で明らかにされたわけです。受け入れが認められるようになったのは、日本が従来認めてこなかった単純労働者です。積極的に外国人労働者を受け入れようとする日本のこのような姿勢について、日本が実質的に「移民国家」化しているという主張もあります。しかし、日本政府（安倍政権）は、日本が移民国家である、又は移民国家へ転換しつつあるということは、認めていません。

(2)　外国人への人権保障

日本国憲法の第3章では、『「国民」の権利』が、各条文で定められています。しかし、憲法学の世界では、「日本国民」に加え、「外国人」にも、日本国憲法に規定されている諸権利が可能な限り保障されるという考えが一般的です。なぜなら、外国人も「人」であり、そして権利は、全ての人に保障されるべき、普遍的なものであるからです。

「日本国民」と「外国人」とは、国籍を基準として区別されます。つまり、個人の外見や主に使用する言語、様々な習慣などに関係なく、日本国籍を持っている人は、「日本国民」であると法的には理解されます。

既に述べたように、人である以上、国民と外国人、どちらにも権利は保障されます。しかし、外国人に対する権利保障については、権利性質説といって、一つ一つの権利の種類・内容に応じ、日本国民にのみ認められる権利を除いて保障される、という考え方が一般的です。例えば、選挙権・被選挙権は、その性質上、国民にのみ認められる権利であると考えられているため、現在の日本では、国政選挙においても地方選挙においても、外国人は、選挙に参加する権利を持つことができないのです。

2　日本の中の移民

(1)　現状

先ほど述べたように、日本国内に定住する外国人（＝移民）の数は、現在、増加傾向にあり、さらに、将来、その傾向に拍車がかかることが予想されます。ここでは日本に長期定住する外国人のことを「移民」と表現しましょう。移民の増加という現実に対して、日本側も十分な対応をする必要があります。そして、その対応は、現在だけを見据えたものではなく、将来世代までをも含めた長期的なものでなければなりません。なぜなら、日本に定住する移民が増加するということは、その移民の子孫も日本で誕生・成長する可能性が高いと考えられるからです。

日本では、外国人への権利保障は、先ほど紹介した権利性質説に則っています。そうなると、国民が人間に値する生活を営むことを保障する社会権について外国人にも認められるのかどうかが、学問上の問題になります。しかし、実際には、社会権を具体化した様々な社会保障制度への門戸は、定住外国人にも概ね開かれているといえるでしょう。例えば、生活保護は本来、国民のみを保護の対象として制度設計されましたが、実務上は、外国人にも一般国民に準ずる形で制度が適用されています。また、国民年金、福祉年金、児童扶養手当などの受給資格要件からは、国籍要件が外されています。

⑵　２０１８年出入国管理法改正

２０１８年、国会で、改正出入国管理法が成立し、公布されました。これにより、２０１９年4月から5年間、最大34万５１５０人の外国人労働者を受け入れることが可能になりました。この改正の具体的な内容として、介護の現場での人手不足に対処できるよう、介護業務に従事するための在留資格を設置するその一方、「偽装滞在者」の取り締まりが強化されました。この改正出入国管理法の成立によって、日本で働く外国人が増えることが予想されます。しかし、この改正入管法は、国会で十分に議論されないまま成立し、外国人労働者の生活支援など、検討すべき課題が山積した中での成立でした。問題点の一つとして、単純労働分野への就労を可能にする在留資格が新設されたことが挙げられます。新しい在留資格とは、一定の技能を持つ人を対象とした、在留期限通算5年の家族帯同を認めない「特定技能1号」と、熟練した技能を持つ人を対象とする、在留期限の更新と家族帯同も可能な「特定技能2号」です。ちなみに、2号の場合、定められた要件を満たせば永住の道が開かれています。

これらの在留資格を有する単純労働者について、これまで規制されてきた農業や建設業の分野での受け入れが可能になります。単純労働者の受け入れにより、人手不足が顕著な問題となっている分野への労働力供給にはつながりますが、その受け入れによって発生する可能性が指摘されている文化摩擦、単純労働者への生活支援への対応は、今後さらに検討が必要です。例えば、現在、外国人の子女に対して、日本の義務教育への就学義務はありません。外国人の親が子どもを日本の学校へ通わせたい場合、保護者が地域の教育委員会へ行って就学申請書を提出し、教育委員会からの許可をもらう必要があります。このように、外国人自身の自主的・積極的な行動がなければ、外国人の子どもは、日本国民の子と異なり、教育を受ける権利を享受できないことになります。外国人の子女への教育について、親の裁量に委ねるという現状が続けば、子どもの教育を受ける権利が保障されない場合が生じるという問題に加え、「教育を受けられる／受けられない」という不平等の問題が、日本人と外国人との間だけではなく、日本に定住する外国人の間にも生じることになります。

２０１８年の改正出入国管理法では、単純労働者の受け入れ拡大に注目が集まりました。しかし、日本へ来る外国人労働者は、単純労働者だけではありません。従来受け入れを認めてきた高度な専門知識を有する外国人材の確保のための施策についても、今後検討する必要があります。高度な専門知識・技術を有する人材を確保するためには、そのような人々にとって日本への移住・定住が、他の国へのそれよりも魅力的なものである必要があります。つまり、日本がどうすれば、どうあれば、彼らから移住・定住先として選ばれるのかを具体的に検討していかなければいけません。

⑶　移民の受け入れに向けて

移民に関して、日本は具体的な施策をはじめ、多くのことを検討・改善する必要があります。そして、将来世代をも含めた移民への包括的な権利保障をどうするのか、今後、真摯に検討していかなければなりません。そのためには、既に移民国家化した外国の例から多くを学ぶことができます。例えばドイツは、第二次世界大戦の終結から１９８９年までの間、東西に分裂しました。この分裂によって、戦後直後の西ドイツは、労働者不足の問題に悩まされ、その解決のために諸外国から「ガストアルバイター」と呼ばれる期間限定の出稼ぎ労働者を受け入れました。この「ガストアルバイター」は、西ドイツ政府の予想に反し、労働期間終了後、本国に帰らず西ドイツへ定住しました。そのため、西ドイツは、１９７０年代初頭の段階で外国人問題を抱えることになったのです。いわゆる移民2世の出生などによって増加していった外国人の存在は、東西ドイツ統一後も大きな社会問題でした。そして、現在のドイツは、シリア難民に代表されるような難民問題にも直面しています。統一後のドイツは、これらの問題に対処するため、紆余曲折を経ながらも統合型多文化共生社会の形成を目指してきました。例えば、就労に必須の語学プログラムやドイツ文化の習得プログラムへの参加など、移民や難民をドイツ社会に統合するための政策が実施されています。

日本でも「多文化共生社会の実現」が謳われてきましたが、そのような社会を実現するための具体的な取り組みは、各地方自治体の裁量に任されてきました。そのため、その取り組みの内容や推進度合が地域によって異なっています。例えば、在留外国人が多く定住する静岡県浜松市では、外国人との様々な交流プログラムが自治体によって盛んに行われていますが、在留外国人の数が少ない地域では、そのような取り組みがほとんどなされていません。地方自治体による「多文化共生社会の実現」への取り組み度合いの濃淡は、東日本大震災の時に顕著に現れました。在留外国人の少ない地域では、彼らに対する支援が十分に行われず、避難できない・支援を受けられない在留外国人が一定数発生することになってしまいました。

移民の受け入れに関する制度設計はもちろん、受け入れ後の日常生活に関わるような細かい支援の内容など、日本がそれらの問題について真摯に検討し、何らかの具体策を設けなければ、日本において将来不足すると予想される労働力を補完できる数の外国人を確保することは難しくなる可能性があります。そうなると、労働人口の総体自体が減少することになり、結果として日本社会自体の維持が困難になるかもしれません。

3　日本の中の難民

現在、世界には約2千万人の難民がいると言われていますが、まず、難民とは、どのような人を指すのでしょうか。難民について定めた国際条約は二つ、つまり難民の地位に関する条約（1951年＝地位条約）と難民の地位に関する議定書（1967年＝議定書）です。難民は、1951年の地位条約第1条の中で、以下の要件を満たす者であると定義されています。その要件とは、(a)人種、宗教、国籍若しくは特定の社会的集団の構成員であること又は政治的意見を理由に、迫害を受けるおそれがあるという十分に理由のある恐怖を有すること、(b)国籍国の外にいる者であること、(c)その国籍国の保護を受けることができない，又はそのような恐怖を有するためにその国籍国の保護を受けることを望まない者であること、です。日本は、1970年代後半に起こったインドシナ難民（ボート・ピープル）の流入を受けて、地位条約と議定書に加入しました。

では、日本で難民申請を行い、難民として認定される人数は、どのくらいでしょうか。難民申請をめぐる具体的な実務は、法務省出入国管理局が行っており、難民申請者数と認定数は、法務省によって毎年発表されています。2017年の難民申請者数は1万9628人で、過去最高の数字です。そのうち、難民認定が認められた者は20人、難民認定は認められなかったけれど人道的配慮を理由として在留特別許可を受けた者が45人です。つまり、難民申請をして認められる確率は、0.001%です。この認定率は、2017年が特別低いというわけではありません。例えば2014年の難民申請者数は5000名でしたが、その中で難民認定を受けたものはわずか11名、つまり0.002%の認定率で、2017年の申請者数が7586人に対し、認定難民は27名、0.003%の認定率です。日本への難民申請者数は年々増加していますが、申請しても、認定されるのは至難の業なのです。

上記の認定率からも明らかなように、日本は、難民の受入れが進んでいません。その理由として、難民の受入れ体制が十分に整っていないことや日本社会の難民に対する偏見などが挙げられます。そもそも、日本の難民認定の審査は、とても厳しいものです。

日本の難民認定審査については、誰を「難民」と認定するかという基準（認定基準）と、手続きが適正に行われているかということに関する基準（手続き基準）に問題があると言われています。例えば、難民として認定されるには、本国において「迫害」を受けた・受ける可能性があることを証明しなければなりませんが、日本では、その「迫害」の範囲を狭く解釈する傾向があり、また、難民申請者が本国に帰ることができない理由を客観的な証拠により証明することが求められます。これらの基準は、難民申請者にとって満たすことは困難な場合がほとんどです。

しかも、難民申請者は、日本で申請をしている間、厳しい環境に置かれ、申請の結果を待つことになります。政府から受けることができる支援金も十分とはいえず、就労許可を得た場合でも、日本語能力が十分でない難民申請者にとって、実際に仕事を見つけることは困難です。そのため、ホームレス状態に陥ってしまう難民申請者もいます。このように社会の中から孤立しがちな厳しい状況の中、難民申請の結果が出るまでの期間は、平均して3年間、長い場合には10年に及びます。

難民問題に対して、各国が様々な施策を行っています。例えば、スウェーデンは、従来から、難民を積極的に受け入れ、手厚い難民保護施策を実施してきました。スウェーデン社会の中に難民が溶け込めるよう、語学や就労など、生活全般にわたり十分な支援がなされるように制度が整えられているのです。日本の難民問題への対応は、それと比較すると、まだまだ改善しなければならない点が多いのではないでしょうか。難民問題についてより詳しく知りたい場合は、難民支援協会のホームページなどをご覧ください。

4　おわりに――移民・難民と日本国憲法

日本国内の外国人は、観光などで来日する短期滞在者、日本で労働に従事するなどの理由で中期・長期に滞在する在留外国人（この中には特別永住者や、本章でいう移民も含みます）、難民などに分類されます。短期滞在者と在留外国人・難民との違いは、定住性の有無です。

日本に定住する、つまり在留許可を得ることができた外国人は、さらに単純労働者、高度人材、難民などに分類されます。ここで言いたいことは、国による人の選別が行われているということです。従来、自国への外国人の受け入れを決定する権限・裁量は、国家に属すると考えられてきました。つまり、どのような外国人を、どのような条件で受け入れるのかということを、国家は自由に決定することができたのです。そのため、出入国管理法を２０１８年に改正するまで、日本では、外国人労働者の受け入れを高度人材に限定し、単純労働の分野では規制してきました。

日本国憲法第14条は、「すべて国民は、法の下に平等であつて、人種、信条、性別、社会的身分又は門地により、政治的、経済的又は社会的関係において、差別されない」と定め、不当な差別を禁止し、実質的平等を定めています。条文では「国民は」と記されていますが、外国人に対しても不当な差別をしてはならないと解されています。その根拠として、人権の普遍性を規定した日本国憲法第11条と、憲法前文３項・第98条２項に示されている国際協調主義が挙げられます。国際協調主義とは、自国の利益のみを追求するのではなく、諸外国と友好的に協力し合いながら共存していくという考え方です。憲法前文３項を受け、第98条２項では、国際法や国際条約などを日本が誠実に遵守していくことを定めています。第二次世界大戦後、ナチスによるユダヤ人の迫害など様々な人権蹂躙に対する反省から、個人の人権を国の中にとどまらず、国際的にも保障しようとする流れが国際社会の中で生まれました。これを、人権の国際化といいます。日本国憲法が国際協調主義を掲げていることから、日本政府には、人権の国際化の流れに迅速・適切に対応することが常に求められています。

しかし、先ほど述べたように、定住外国人の受け入れに関しては、国家の専権事項とされ、受け入れる外国人の選別は国家の裁量に委ねられています。実際、これまでの日本は、高度人材のみに門戸を開いてきました。もちろん、自国へ来る外国人を全て受け入れることは、国家にとって不可能ですから、選別を行うことそれ自体は否定することができません。しかし、その選別のために使われる基準には、合理性が備わっている必要があります。つまり、外国人の選別は国家の裁量に委ねられていますが、その裁量は無制限に認められるものではなく、合理的な基準に基づいて選別が行われなければならないということです。もし政府が不合理な基準を設け、それに基づいて外国人の選別を行った場合、それは、そのような不合理な基準に基づいて選別された結果日本に受け入れられなかった外国人に対する不当な差別であり、政府に与えられた裁量権を逸脱しているということになります。合理的な基準に基づいて外国人の選別を行わなければならないということは、グローバリゼーションの進む現在の状況の中、国際協調主義によっても支えられているといえるでしょう。この点は、難民の受け入れについても同様のことが言えます。

外国人や難民の問題をめぐっては、その受け入れの基準や、外国人・難民の受け入れに伴って発生が予想される問題への解決といった政策論へ関心が向けられがちです（外国人をめぐる問題の検討の中で、さらに「外国人」の類型を細分化して考える必要も出てくるでしょう。例えば、長期定住する「移民」と、一定の期間定住する「定住外国人」などといった類型化です。なぜなら、それぞれの類型に応じて権利保障の在り方も変わってくるからです）。そのため、この問題について論じる時、憲法レベルの話ではなく、どちらかといえば（憲法の下位に位置する）法律のレベルでの議論が主体になります。しかし、その受け入れ自体が日本国憲法に定められた国際協調主義にかかわる問題である以上、外国人・難民問題は、憲法的視点から再度検討してみる価値があります。その検討の中で、外国人・移民、難民、そして日本それぞれにとってより良い受け入れ制度を設計することができるのではないでしょうか。

働き方改革、介護

明治大学教授
清野幾久子

はじめに

２０１５年12月に、電通の新入社員の女性が過労自殺をした事件が起きました。入社以来、長時間におよぶ残業を命じられていたということですが、自殺直前の1ヶ月の残業時間は、過労死ラインといわれる80時間を優に越え、１０７時間に及んでいたことが労働基準監督署によって認定されています。

働くことは、人間にとって生活の糧であるだけでなく、自己実現の一つでもあります。自殺にいたるほどの強いられた長時間労働は、人間らしい生き方、生活にそぐいません。この事件で、違法残業として労働基準法違反を問われた電通に対し、東京簡裁は、２０１７年10月６日に、求刑通り罰金50万円の有罪判決を言い渡しました（ＮＢＬ１１１６号19頁）。この痛ましい事件が一つのきっかけとなり、ライフ・ワークバランスなど、「人間としての働き方」が広く社会の関心を引き起こしました。

「働き方改革」の必要は、経済界からも主張されました。社会経済的背景をなすのは、低成長下の日本における少子高齢化社会の進行、いわゆる労働力不足問題です。２０１８年1月、安倍晋三内閣は、「働き方改革関連法」を最重要法案としました。国会審議では基礎とされたデータの正確性への疑問や様々な議論の噴出がありましたが、法案は十分な審議を経ないまま与党側によって採決され、６月29日に、労働基準法改正を含む一連の「働き方改革関連法」（以下、「働き方改革法」といいます。）が成立しました。同法は２０１９年４月から順次施行されることになっています。

1　憲法と働き方改革

　このような中で、現在、多くの企業が「働き方改革」を掲げるようになってきています。

　ところで、そもそもこのような企業の雇用問題に憲法は適用されるのでしょうか。憲法とは国家と個人との間を規律するものであるとされていますから、民間企業（私人）とそこに雇用されている個人（私人）の間に、憲法の人権規定が適用されるのかが問題となるのです。

　これについて、憲法学の通説は、たとえ私人間であろうと、間接的に憲法が適用される場合がありうると、これを肯定しています（芦部信喜〔高橋和之補訂〕『憲法〔第7版〕』（岩波書店、２０１５年）１１２頁参照）。20世紀以降の福祉国家の下では、憲法は社会のあらゆる領域に妥当すべき法であるからです。私人の行為であろうと、それが「いきすぎ」の場合は、社会的許容限度を超えるものとして、権利濫用、信義誠実の原則などの私法の一般規定の解釈を通じて、憲法規定が間接的に私人間に適用されるとするのです。判例もこの考えを認めています（最大判昭和48年12月12日民集27巻11号１５３６頁〔三菱樹脂事件〕）。

　では、福祉国家では、働き方について、国にはどのような義務があるでしょうか。憲法第25条１項は生存権を定めるとともに、２項で、「国は、すべての生活部面について、社会福祉、社会保障及び公衆衛の向上及び増進に努めなければならない。」と国の生存権への配慮義務について定めています。憲法は、福祉国家を目指しており、国にはそこに向けた責務があるのです。最高裁も、判決の中で、「憲法は、全体として、福祉国家的理念のもとに、社会経済の均衡のとれた調和的発展を企図しており」、「国の責務としての積極的な社会経済政策の実施を予定している」といっています（最大判昭和47年11月22日刑集26巻9号５８６頁〔小売市場事件〕）。この国の責務に基づいて、経済政策、社会政策、労働政策などの国民生活に係わる政策が立てられ、強制力ある規定で企業を規制する法律なども制定されることになります。労働基準法の改正を含む今回の働き方改革法も、このような法律の一つです。

2　勤労の権利（憲法第27条）の成り立ち

　人間らしい生活のためには、人間らしく働けること、すなわち、それに見合う賃金や労働条件の保障や児童の保護などの保障が必要です。このことを、日本国憲法では、生存権の保障に加えて、「すべて国民は、勤労の権利を有」

するという勤労の権利（第27条1項前段）、勤労者の勤労条件の保障（同2項）、児童労働の禁止（同3項）として規定しました。

資本主義の発達の過程においては、労働者は、契約自由の原則の下、長時間労働や低賃金、不衛生な職場などの過酷な労働条件の下で、失業の恐怖にさらされ、生命、健康、生活という生存の基礎を脅かされ続けました。世界史的に見ると、このような状況に対し、19世紀後半のマルクス主義思想や社会主義思想の普及にも後押しされ、各国で労働運動や社会運動がおこりました。多くの弾圧にもかかわらず人々は連帯し、団結して、20世紀初頭にかけて、企業や使用者に自分たちの生存への要求を認めさせる力を獲得するにいたりました。労働時間の制限や最低賃金制という法制度が導入され、国家は失業対策なども行うようになったのです。

勤労の権利の考え方は、このような動きを促進しました。それは、最初、１３０年あまり前のオーストリアの法曹社会主義思想家アントン・メンガーによって、主張されました（アントン・メンガー『労働全収権史論』（１８８６年））。メンガーのいう勤労の権利とは、いわば、失業の発生という資本主義の宿命に対する改良策でした。

日本国憲法も資本主義経済を基礎とする憲法ですので、第27条の勤労の権利も、まずこのような脈絡で、すなわち、「労働する機会の保障」という意味でととらえられました。国民は、労働の意思と能力がありながら労働の機会を得ることができない時には、国家に対して労働の機会の保障を求めることができる、という点が肝要とされました。このように解された勤労の権利は、憲法第26条の教育を受ける権利とともに、第25条の生存権の具体化でもありました。

このように勤労の権利は、まず、国家に対して仕事を要求する権利ですから、生存権同様、国家には権利に対応する義務があります。確かにこの義務については、その具体的権利性や国家がどのような場面でどの程度拘束されるのかについて議論が残ります。しかし、これが経済秩序に対する指導原理とされる、ということに関しては、学説は一致しています。

3　今日における勤労の権利＝「良い労働環境で働き続けられる権利」

戦後すぐの食糧難、大量失業の時代を超え、その後の高度経済成長時代を経て、現在の日本では完全雇用政策の下、諸外国に比しても、失業対策について一定程度制度整備がされているといえましょう。他方、働き方改革が求められる21世紀の働く現場では、経済規模の拡大や労働力不足による労働強化のみならず、それを補う一手段たる外国人労働者導入や、労働の効率を求めるために導入された、細分化された多様な雇用形態がもたらす不平等、不断に技術革新されるＯＡへの適応の必要性、ＩＴ化、ＡＩ化の進展による、場合によっては、「ロボットに使われている」ともいえる事態の発生など、労働の質や内容の変化のみならず、平等問題や人間の尊厳にかかわるような問題まで存在するにいたっています。

このような働く現場の変化は、不可逆的な世界的流れでもあります。このことを踏まえると、今日における憲法第27条の勤労の権利の対象は、「失業対策」から「雇用問題」へ、すなわち、働き方の問題を包含したものへと焦点が移ってきているといえましょう。その意味において、働き方改革が提起する問題は、憲法第27条の解釈の変更を迫るものとなるのです。

では、今日、「勤労の権利」は、いかに解釈され、その内容としてどのようなものが考えられるのでしょうか。私の結論を先にいえば、現代における働く場の状態変化を考慮すると、後手後手に回る国家の失業対策のみでは勤労の権利は保障されないことからして、勤労の権利の再構成が必要であるということになります。そのとき、手がかりとなるのは、従来の勤労の権利の定義である「適切な労働条件のもとに労働する機会の保障」のうちの前半部分、「適切な労働条件の下で」という部分に何を読み込むかです。

私は、これを、「良い労働環境で働き続けられる権利」と捉えます。現代における第27条1項、2項の解釈としての勤労の権利については、働く者の失業時の保障に加え、人間が働くことの維持や改善につながるという持続可能な捉え方をして、「良い労働環境で働き続ける権利」と個人の側から再構成すべきで、その労働環境については、憲法第13条のいう個人として尊重され、人間の尊厳を侵害されないというレベルを設定できるように思います。

4　働き方改革法と「良い労働環境で働き続けられる権利」

(1)　残業時間罰則付き上限規制

働き方改革法は、働く人が「それぞれの事情に応じた多様な働き方を選択できる社会を実現」するという国の働き方改革の一環をなす複数の法律からなっています。厚生労働省によれば、その柱とされるのが①長時間労働の是正、②多様で柔軟な働き方の実現、③雇用形態にかかわらない公正な待遇の確保です。はたして、改革法の三つの柱は、「人間らしい働き方」に資するものなのか、過労死は防げるのかについて、憲法第27条の「良い労働環境で働き続けられる権利」に照らし、見ていきたいと思います。

厚労省の説明によりますと、今回改革法の目玉は①の長時間労働の是正で、具体的には残業時間規制が導入されました。その目的は、「長時間労働をなくし、年次有給休暇を取得しやすくする等によって、個々の事情にあった多様なワーク・ライフ・バランスの実現」です。これにより、労働基準法が改正されました。実は、今まで労働基準法は、残業時間の上限につき規定していませんでした。企業は労働組合との間で合意すれば（労使協定）、事実上無制限の残業をさせることが可能でした（労働基準法旧第36条）。この意味で、労働基準法は「ザル法」だったのです。

これに対し、今回の労働基準法改正では、残業時間の上限が明記された点で画期的です。残業時間に初めて法的な強制力ある上限が設けられたのです（「残業時間上限規定」）。残業の上限は、原則として月残業45時間、年360時間未満とされ、繁忙月など臨時的な特別の事情がある場合などでも、最大限で月100時間、年720時間未満と上限設定されました。企業は、たとえ労使が合意したとしても、この上限を越えて残業させることはできません。違反した企業には罰則が科されます。

(2) 裁量労働制対象拡大、高度プロフェッショナル制度との関係

「残業時間上限規制」により、労働時間が短縮され、働く者の生命、健康と生活が守られるということであれば、それは憲法第27条の「勤労の権利」に資することです。ただし、すでに導入済である「裁量労働制」や、今回の改革法の第2の柱である「多様な働き方」の一環としての「高度プロフェッショナル制度」の拡充が、残業時間上限制度の抜け穴として使われないか、常に注意が必要です。

裁量労働制は、実際に働いた時間にかかわらず、一定時間働いたものとして、残業代込みの賃金を支払うという制度で、導入にあたって、経済界からの要望がとても強かった制度です。この制度においては、能力次第で短時間で高賃金を得ることも可能です。ただし、このような人は例外的で少数派ということを見落としてはなりません。また、この制度には「残業」という概念が入る余地がありませんので、適用のされ方次第では、体の良い「残業代不払い合法化」の結果をもたらすことになります。

働き方改革関連法の審議過程では、第2の柱である「多様で柔軟な働き方の実現」の一環として、この裁量労働制の対象範囲の拡大の動きがありましたが、同制度をめぐる労働時間の不適切データ問題が発覚し、国会が紛糾し、結局この制度の対象拡大は立ち消えになりました。その直後に、野村不動産でこの制度が過去に違法適用され、男性社員が過労自殺した事件（2017年3月4日朝日新聞、朝刊）が発覚したところからすると、裁量労働制の拡大への懸念は杞憂ではなかったということがわかります。

同様なことは、2019年4月から施行（大企業）される「高度プロフェッショナル制度」にもいえます。この制度は、年収1075万円以上の専門職5業務の人を、本人の同意を条件として、労働時間規制から外す制度です。企業には「働き過ぎ防止措置」が課されますが、その実効性には疑問が呈されており、しかも、対象業務である5業務を規定するのは省令なので、国会の議論なしに対象業務の拡大を行えます。「なし崩し拡大」が可能なのです。

多様な働き方の実現という施策の推進に関しては、働く者の分断をもたらす結果となる制度の導入になり、働く者の団結にマイナスの要因を及ぼし、職場での問題共有、それぞれの立場から解決の道筋を導くということに困難をもたらさないか、ということにも留意すべきでしょう。

⑶　雇用形態にかかわらない公正な待遇の確保

働き方改革法の三つめの柱は、「雇用形態にかかわらない公正な待遇の確保」＝同一労働・同一賃金の促進で、企業側にとってはかかる負担がもっとも大きい規制となります。厚労省は、この柱の目的は、「同一企業内における正規雇用と非正規雇用の間にある不合理な待遇の差をなくし、どのような雇用形態を選択しても『納得』できるようにする」こととしています。

働き方改革法で、正社員と非正規社員の間の不合理な差別をもたらす雇用上の仕組みが改善され、賃金や待遇、安定した労働契約や正社員への途が確保されることになれば、「良い労働環境で働き続ける権利」の内容をなす、公正な職場環境の創出に資するものになるといえましょう。これらの施策は早急に進められなければなりません。

というのは、総務省の2012年就業構造基本調査によれば、非正規労働者の数は、はじめて2000万人を超えて約2043万人となり、対人口比も38・2％と過去最高を更新しているからです。今日の企業は非正規労働者抜きには成り立ちえず、そして対人口比38・2％を占める非正規労働者の賃金や労働条件などの待遇の差が、まさに「格差社会」を導いているといえるからです。格差社会の解消は、まず、企業における待遇改善から始まるといってよいでしょう。

5　介護問題と働き方改革、介護と憲法

総務省によれば、２０１８年の総人口に占める65歳以上人口の割合（高齢化率）は27・7％、これに対し、15歳から64歳までのいわゆる生産人口の割合は60・0％です。もはや日本は完全に少子高齢化社会となっています。そればかりか、内閣府によれば、２０６５年には総人口のうち約2・6人に1人が65歳以上、介護が必要とされる人（被介護者）の割合がアップする75歳以上は、約3・9人に1人となると予測されています。

このように、日本では「少子高齢化時代」における介護問題、そこにおける人手不足の問題は、切実さを増しており、このことも「働き方改革」が要請される重要なきっかけとなっています。介護には、「まった」は効きません。高齢化と人手不足という双方の理由から「切羽詰まった」パートタイム雇用が拡大することになれば、これもまた非正規雇用比率の上昇につながり、働き方改革の第3の柱である、不合理な雇用、是正されるべき不公正な労働状態を増大させかねません。

ところで、この介護の問題は、21世紀の「新しい問題」です。それに応じて従来の憲法の人権論も変わっていかざるを得ない面があります。ここでその一端を示しておきましょう。

まず、新しいのは介護をめぐる権利についてです。高齢や病気、障碍などで自立生活が難しくなってきた場合に、私たちには、その状況、程度に応じた「介護サービスを受ける権利」があり、それは、健康で文化的な最低限度の生活を保障する憲法第25条の生存権や、個人の尊重、幸福追求権を定める第13条から導かれるといえましょう。「被介護者の権利」です。ここで強調したいのは、この被介護者の権利の質は、それを支える介護に携わる人（介護従事者）の個人の尊重や勤労の権利、生存権の問題と不可分の関係にあり、このような「介護従事者の権利」の充実が、被介護者権利の充実にかかわり、ひいては被介護者の人間の尊厳の保障、虐待の防止などにも直結することになります。

ところが、歴史的に見ると、「介護従事者の行う介護」は、社会の中にあっては慈善や博愛、あるいはボランティアという善意によって、また家族関係の中にあっては「愛」

や「関係性における、ある種強いられた義務」の名において遂行されてきたという側面があり、今日にいたるまで「労働」としての位置づけが不十分で、対価的にも、無償もしくは働きに見合った報酬が出ないボランティア労働となる場面が多かったといえましょう。

今ここで、問題を家族内介護問題に限定してみましょう。勤労していたある人の家庭おいてのっぴきならぬ介護の問題が生じたという場面では、個人の尊重の一場面である、就労継続の意思の有無やその尊重が重要です。とりわけ、誰が介護をするかという介護従事者の決定過程において、憲法第24条の家族間における個人の尊重と両性の平等が考慮されるべきでしょう。介護従事者となった後には、「良い労働環境で働き続けられる権利」の実現ということが、今度は良質な介護を継続的に提供していくことができる条件整備の一環として、被介護者の権利のためにも非常に重要になってきます。日本では家族内介護従事者への法的援助を定める法制度はまだ正面からとり組まれておらず、これからの課題といえましょう。

むすびにかえて

「良い労働環境で働き続けられる権利」は、個人の尊重を前提とします。様々な事情をかかえつつ働く人々の、その時々の様々な働き方を、あたり前の個人の生き方として尊重し、それに対応した良い労働環境を維持し続けることが要請されるのです。働き方改革法の三つめの柱である、雇用形態にかかわらない公正な待遇の確保においては、パートタイム労働における均等待遇も大きなテーマとされており、介護を受ける権利の充実のためにも、一層の実現が、望まれるところです。

【参考文献（本文掲載以外のもの）】
・武田万里子「第27条　勤労の権利・義務、勤労条件の法定、児童酷使の禁止」小林孝輔・芹沢斉編『基本法コンメンタール憲法〔第5版〕』（日本評論社、２００６年）
・樋口陽一『ホーンブック憲法〔改訂版〕』２１２頁以下〔内野正幸執筆〕
・「特集　労働問題・労働政策２０１８」労働法律旬報１９０３＋１９０４号（２０１８年）

教育勅語・道徳教育

新潟大学名誉教授
成嶋　隆

はじめに

〈国のかたち〉が変わるとき、あるいはそれが変えられようとするとき、必ずともなうのが教育つまり〈教えと学びのかたち〉の変容です。いまやレームダック状況に陥ったと評される安倍政権のもとで進行している「教育再生」と呼ばれる政策の展開は、このことを如実に物語っています。

森友学園スキャンダルのなかで、くだんの学校法人が運営する幼稚園が、園児たちに教育勅語や五箇条の御誓文を暗唱させたり、「日の丸」を手に「愛国行進曲」や「海ゆかば」を歌わせたりしていたことが報道されました。スキャンダルの渦中にあった安倍首相や昭恵夫人が、この〈勅語教育〉を絶賛したこともあり、教育勅語に対する関心がにわかに高まり、これを〈再評価〉するような論調も現れました。後にみるように、戦前の〈皇民〉教育のいわばバイブル（聖典）であった教育勅語は、戦後改革のなかで「失効」が確認され、教育の場から「排除」されましたが、上記の経緯のなかで、その〈復権〉をめざす動きが急速に進行しています。最たるものが、「憲法や教育基本法等に反しないような形で教育に関する勅語を教材として用いることまでは否定されることではない」とした２０１７年３月31日の閣議決定です。かの安保関連法制定（２０１５年９月）のきっかけとなったのは、「集団的自衛権」の行使を容認した２０１４年７月の閣議決定でしたが、国政上の重大な案件につき、国会のチェックを受けない閣議決定という手段で事実上の方向づけを行うという安倍政治の〈常套手段〉が、教育勅語の事実上の復権のためにまたもや用いられたわけです。

閣議決定のちょうど1年後、教育現場できわめて重要な施策が始まりました。2015年に改訂された学習指導要領で「特別の教科」とされた道徳が、2018年4月から小学校で開始されたのです。学校での道徳教育は、1958年に「道徳の時間」が特設されて以来、教科としてではなく実施されてきましたが、それが検定教科書を用い、成績評価も行う正規の「教科」となったわけです。

右に紹介した二つの動きは、いずれも安倍首相がめざす憲法改正に収れんするものです。安倍首相は、「みっともない憲法」と酷評する現憲法の明文改正を悲願としていますが、改憲という〈国のかたち〉の根本的な改変にとって、教育の果たす役割の重要性を十分に認識しています。安倍首相の国家観や憲法観は、著書『美しい国へ』の〈完全版〉と称する『新しい国へ』（文春新書、2013年）に表明されていますが、「教育の再生」と題する同書第7章は、次のような言葉で始まります。――「戦後日本は、60年前の戦争の原因と敗戦の理由をひたすら国家主義に求めた。その結果、戦後の日本人の心性のどこかに、国家=悪という方程式がビルトインされてしまった。だから、国家的見地からの発想がなかなかできない。いやむしろ忌避するような傾向が強い。戦後教育の蹉跌のひとつである。」――安倍首相は、〈自虐的〉な戦後教育を批判したうえで、「品格ある国家」をつくるために「志ある国民」を育成することが教育の目的であると述べています。ここでいう「品格ある国家」が、「みっともない憲法」を「改正」した後の「新しい国・日本」であることはいうまでもありません。

以上のように現在、憲法改正動向のなかで教育勅語の復権が図られ、「特別の教科　道徳」が始まっています。そのことのもつ意味や問題性について、あらためて考えてみましょう。

1　教育勅語とは何であったか

(1)　教育勅語の概要

戦前日本の公教育法制は「教育勅語法制」・「天皇制教学体制」などと呼ばれますが、その名のとおり、教育勅語に盛りこまれた〈忠君愛国〉の天皇制道徳を、筆頭科目である「修身科」などをとおして国民（臣民）に注入することにより〈皇国民〉を育成するという役割をはたした公教育のシステムでした。

この教育システムの中核にあったのが教育勅語（1890年）です。これは、明治政府が最初の教育政策の文書である「教学聖旨」（1789年）以来追求してきた、儒教道徳を国民に注入するという政策を受け継ぐものです。その内容は、まず教育の淵源（みなもと）を「国体」（万世一系の天皇が統治権を総攬するという国のありかた）に求めたうえで、忠孝など12の徳目を列挙し、最終的には〈皇運扶翼〉へ導くというものです。〈皇運扶翼〉とは、教育勅語の最も重要なメッセージであり、次のようなことばで述べられています。——「一旦緩急アレハ義勇公ニ奉シ天壌無窮ノ皇運ヲ扶翼スヘシ」（「ひとたび国家の一大事（戦争）になれば、勇気をふるいたて身も心もお国（天皇陛下）のために捧げることで、天にも地にも尽きるはずのない天皇陛下の御運勢が栄えるようにお助けしなければならない」）（現代語訳は、高嶋伸欣『教育勅語と学校教育』岩波ブックレットNo.174より）。

(2) 教育勅語の性格とその変容

「勅語」は「天皇のことば」を意味し、天皇が大臣の副署なしに臣民に対して行う意思表示を指します。訓示的な意味を有する「勅諭」とも、また、法令の性格をもつ「勅令」とも異なります。教育勅語の起草を主導したのは当時の法制局長官・井上毅でしたが、井上は、天皇が国民に対して道徳上の命令を発することの問題性を意識していました。そこで、「勅令」ではなく、「社会上ノ君主ノ著作公告」と銘打った「勅語」として発布するという手法が編み出されました。このように、教育勅語はもともと天皇の〈著作物〉であり、法規としての性格をもつものではありませんでした。

教育勅語が法規としての性格を帯び、戦前公教育における教育の〈国家基準〉の位置を占めるようになったのは、それが小学校祝日大祭日儀式規程、小学校教則大綱、小学校長及教員職務及服務規則その他の教育法令に組み込まれ、「勅語ノ奉読」「勅語ノ旨趣ノ奉体」といったことが法的に義務づけられたからです。

(3) 教育勅語のはたした役割

教育勅語の発布には、民衆の解放要求を抑え込むかたちで成立した明治国家が、当初から欠如していた政治支配の正当性を天皇の権威強化という方策により調達しようとしたこと、また、自由民権運動を介して浸透しつつあった近代立憲主義の思想に対抗するために、神権主義的な天皇制イデオロギーを涵養しようとしたことが背景としてありました。「現人神」という天皇の呼称、学校現場に配布されそれへの敬礼が強要された「御真影」などとともに、教育勅語の発布がこのような政策的意図を有していたこと、そして勅語による皇民化教育がその後の「大日本帝国」の狂信的な国家行動を〈下支え〉したことはいうまでもありません。

2　教育勅語の「失効」と「排除」

(1)　戦後教育改革

１９４５年の敗戦にともなう戦後教育改革は「教育勅語法制」を否定し、新たな教育法制を打ちたてました。その要となったのが、１９４７年に制定された教育基本法（以下、旧教基法）です。同法は、前年に公布された日本国憲法の精神に則り、権利としての教育を保障するための法制的枠組みを定める基本法として、２００６年の全面改正にいたる約60年間、公教育法制の中核に位置してきました。小論のテーマとの関係で注目されるのは、同法が教育勅語のそれに代わる新しい教育目的・理念（平和・民主主義・個人の尊厳・真理など）を法定したことです。ここには、教育勅語のように天皇が教育の目的・理念を上から提示するのではなく、国民主権原理のもとで主権者国民の代表機関である国会の定める法律というかたちでこれを定立すべきだというコンセプトが表明されていました。

(2)　教育勅語の「失効確認」・「排除」決議

戦後教育改革では、教育勅語の「処理」問題が争点の一つとなりました。初期においては「勅語有効論」や「新勅語奏請論」が唱えられましたが、最終的には１９４８年６月19日の衆参両院の決議によりこの問題は決着しました。

参議院の「教育勅語等の失効確認に関する決議」は、日本国憲法および旧教基法の制定により、教育勅語がその他の諸詔勅とともに失効したことをあらためて確認するとしました。一方、衆議院の「教育勅語等排除に関する決議」は、教育勅語の内容（「主権在君」・「神話的国体観」など）に言及し、それらが新憲法に抵触するがゆえに、同第98条（憲法の最高法規性）により失効したとの趣旨を示しました。

二つの決議が、教育勅語の原理的な問題点をどこに見出していたのかは必ずしも明確ではありません。ただ、参院決議の審議過程で、当時参院議員であった羽仁五郎が、教育勅語の本質的な誤りは「道徳の問題を君主が命令した」ことにあると発言していた（１９４６年５月27日・参議院文教委員会）ことが注目されます。

ここで注意したいのは、「失効確認」ないし「排除」の意味です。二つの決議により「失効確認」され「排除」されたのは、教育勅語（の謄本）という文書それ自体というよりも、教育法令に組み込まれることにより法規範としての性格を与えられた教育勅語を用いて天皇制道徳を注入するという教育のありかただったはずです。いいかえると、教育勅語を、国家が特定のイデオロギーをもって国民の内心を統制するという大きな過ちを犯したことを示す歴史的な証拠文書として提示するという教育のありかたは排除されていない、むしろ、この文書をいわば〈反面教材〉として教育の場で用いることこそ、主権者教育の要請であるということです。この点は、勅語〈復権〉の動きに私たちがどう立ち向かうべきかを考えるうえで重要なポイントとなります。

3 道徳「教科化」の問題点

(1) 学習指導要領

「はじめに」で触れたように、今般の道徳「教科化」は文科省告示である学習指導要領の改訂というかたちで実現しました。学習指導要領は、初期においては各学校で教育課程を編成する際の参考資料ないし指導助言文書という性格を有していました。この文書の法的性格、より正確には、これについての行政解釈が変わるのは、上述の「道徳の時間」特設と同じ１９５８年に、同文書が官報に告示されるようになってからです。以後、政府・文部（科）省は〈学習指導要領は法的拘束力を有する教育課程の国家基準である〉との解釈を一貫してとり続けてきました。

(2) 新教基法第2条

第1次安倍政権下の２００６年、旧教基法が全面改正されました（新教基法の制定）。旧教基法が日本国憲法と一体関係にある〈憲法付属法〉〈準憲法〉の性格を有していたこと、同法が占領下に制定されたことから、憲法とともに「押しつけ」の烙印を押されていたこと、そして同法が「基本法」という名称をもつものの、法形式としては法律であり、憲法よりも改正しやすいものであったことなどから、この教基法改正は〈改憲の前哨戦〉ないし〈改憲への露払い〉という意味をもっていました。

新教基法のなかで最も注目されるのは教育の目標を定める第2条ですが、同条については、注意すべき点がいくつかあります。まず、同条の目標規定がすべて道徳規範（徳目）であり、その数が教育勅語のそれを上回る20項目にも及んでいるという点です。次に、同条が、前述した学習指導要領の「道徳」の部分に照応しているということです。

つまり同条は、文科省告示レベルの道徳規範を法律レベルに〈格上げ〉した規定であるということです。ここには、法形式上は法律のはるか下位にある「告示」にすぎない学習指導要領の〈限界〉を〈克服〉し、法律の力により道徳規範を強制しようという政策的意図が垣間見えます。第3の注意点は、同条の目標規定のほとんどが「……態度を養うこと」という規定になっていることです。たとえば、同条5号のいわゆる「愛国心条項」は、「伝統と文化を尊重し、それらをはぐくんできた我が国と郷土を愛する……態度を養うこと」と定めています。このような目標規定の問題点は、これらの教育目標に適合的な「態度」が公定され、それらの可視化された「態度」の履行・不履行をチェックすることによる内心の統制が作動することになるということです。「日の丸・君が代」問題では、「不起立・不唱和」のチェックや斉唱時の「声量調査」など、すでにこの事態が先取り的に進行しています。新教基法をうけた2008年の学習指導要領改訂において、小学校全学年で「君が代」を「歌えるよう」指導することとされたこと、あるいは、検定済みの小学校道徳教科書が「れいぎ正しいあいさつ」のしかたを三択で答えさせる設問を掲げたのも、「態度で示す」ことを要求する今日の（道徳）教育を象徴するものといえるでしょう。この点、1991年に導入されたいわゆる「観点別評価」が、子どもの「内心」を評価するうえで、「関心・意欲・態度・創意工夫」など〈可視的〉なファクターを重視したことは示唆的です。子どもの「内心」は、「態度」その他の可視的なものによってしか測りようがないからです。

(3)　道徳教育の〈ディレンマ〉とその原理的な問題性

「態度で示す」ことを求める道徳教育は、諸個人に、公定の道徳律に帰依するか、これを拒否するか、はたまた、公定道徳に外見的にのみ従うか、という選択を促します。そして、安倍政権の非立憲的な政治により深刻な政治的モラル・ハザードがもたらされている現況においては、おそらく〈外見的服従〉という対応が一般化するものと思われます。たとえば、公定道徳の一つである「規範意識」や「遵法精神」についていえば、政治家の違法行為や不正行為が断罪されずに済まされるという〈お手本〉がある状況では、これらの道徳は決して内面化されることはなく、上からの軌範の押しつけに〈面従腹背〉するという対応をもたらすと考えられるからです。この〈面従腹背〉という精神状況は、当該個人にとっては人格的分裂を意味し、それ自体精神的な苦痛となります。道徳的な観点からも否定的に評価されるでしょう。ここには、道徳教育のディレンマがみられます。もっとも、この〈面従腹背〉というディレンマは、規範や権威への外面的服従の調達を〈最小限目標〉とする道徳教育推進派にしてみれば、いわば〈御の字〉であることも確かです。要するに、批判と抵抗を断念するような国民意識を醸成し、日本社会を濃密な〈権力への忖度〉の空気で覆うことが企図されているとみるべきでしょう。

以上、検討してきたように、現在進行しているのは、道徳規範に則った「態度」表明が法規範化され、法の力により諸個人の内心が統制されるという問題状況です。この構図は、教育勅語法制のそれに酷似しています。その問題性を突き詰めていくと、そもそも公教育が、諸個人の内心的判断に委ねられるべき道徳の領域に踏み込むべきかという原理的な問いに行き着きます。この点で、フランス革命期の教育思想家であるコンドルセが、「親の権利」や「思想の独立性」などを理由として、公教育は道徳教育（訓育）に及ぶべきではなく、知育のみを対象とすべきであるとしていたのが教訓的です（コンドルセ「公教育の本質と目的」）。この理は、おそらく日本国憲法下の公教育についても妥当すると思われます。憲法第19条は国民諸個人の主観的権利として思想・良心の自由（内心の自由）を保障するのみならず、客観的憲法原則として「国家の価値中立性」を要請していると解されるからです。いま推奨されている「道徳教育」が、国家による道徳規範の公定を前提とする限り、それが国家の価値中立性原則に違背し、憲法第19条に抵触することは明らかであるといえるでしょう。

福島の事故から考える原子力発電

福島県立医科大学教授
藤野美都子

はじめに

２０１１年３月11日14時46分、三陸沖を震源とするマグニチュード９・０の地震が発生。東京電力福島第一原子力発電所は地震により外部電源を喪失。さらに15時30分頃に到達した津波により非常用電源も失い、原子炉の冷却に失敗。国際原子力機関（ＩＡＥＡ）の策定した国際原子力事象評価尺度で「レベル７」という過酷事故となりました。12日に１号機の水素爆発が、14日に３号機の水素爆発が、15日に２号機の格納容器破損によると思われる放射性物質の大量放出および４号機の水素爆発がつぎつぎと起こり、放射能汚染が広がりました。

原子力は「夢のエネルギー」といわれ、原子力発電は、資源小国の日本にとって不可欠の技術とされてきました。１９６６年の東海発電所の営業運転にはじまり、２０１１年の事故前には54基が運転していました。しかし、原発は一度事故となれば、生活基盤を根底から破壊してしまう技術であることが明らかになったのです。福島県の９％にあたる地域に避難指示が出され、放射線の健康影響を避けるため自らの判断で避難指示区域外から避難した自主避難者を含め、最大で16万４千人が避難する事態となりました。避難指示区域については何度か見直しが行われましたが、２０１９年１月現在、４万人以上の人たちが避難生活を送っています。

事故後、人権を侵害する原発技術の利用は、憲法違反ではないかという声が高まってきました。多くの国民が、原発の再稼働に反対しているにもかかわらず、２０１９年２月までに、９基の原発が再稼働されました。原発の再稼働は認められるでしょうか。以下では、まず、事故前の安全対策を確認し、福島の事故被害を概観し、さらに、事故後の対応を検討した上で、憲法というフィルターを通して、原発について考えてみることにしましょう。

1　事故前の原子力安全対策

(1)　原子力の安全規制

「原子力の研究、開発及び利用を推進することによって、将来におけるエネルギー資源を確保」することなどを目的とする原子力基本法のもと、事故前は、安全規制について、原子炉等規制法と電気事業法が規定し、事業者に対する原子力安全・保安院による一次規制と、その規制に対する原子力安全委員会による再チェックという体制がとられていました。

１９７４年の原子力船「むつ」の放射線漏れ事故後、原子力の推進機関である原子力委員会が安全規制をも行うことへの批判が高まり、１９７８年10月、原子力安全委員会が、原子力委員会とは別に新設されました。原子力安全・保安院は、１９９９年の東海村ＪＣＯ臨界事故を契機に、２００１年の中央省庁再編の際、資源エネルギー庁等が担当していた安全規制を所管する組織として設置されました。いずれも、規制と推進との分離を目指す改革とされましたが、原子力安全委員会は、原子力委員会と同じ内閣府に、原子力安全・保安院は資源エネルギー庁が属する経済産業省の外局として設置され、規制機関と推進機関が同じ組織に属していたことになります。規制機関の独立性が重要であることは、事故前から指摘されていました。原子力の安全に関する条約（日本は１９９５年に批准）第８条は、締約国に、規制機関の任務と原子力の利用または促進に関する機関の任務との分離を求めていました。また、２００５年６月に福島県がまとめた「今後の原子力発電所の安全確保にかかる取組みについて」は、原子力安全・保安院を経済産業省から分離すべきであるとしていました。

(2)　原子力災害対策

原発事故には、１９６１年に制定された災害対策基本法で対処することになっていました。同法は放射性物質の大量放出も対象としていましたが、この時点で、原子力災害の特殊性に配慮した対策がとられていたわけではありません。

原子力災害対策に目が向けられるようになるのは、１９７９年にアメリカ合衆国のスリーマイル島で起きた原発事故以降のことです。１９８０年に原子力安全委員会が、防災指針を決定し、原子炉から8～10㎞の範囲を、防災対策を重点的に充実すべき地域（ＥＰＺ：emergency planning zone）と指定し、防災計画が策定されることになりました。福島県でも、原子力災害対策計画が策定され、防災訓練が実施されるようになりました。

１９９９年のＪＣＯ臨界事故は、従業員2名が急性放射線被ばくにより亡くなり、周辺住民の避難や屋内退避が要請される重大な事故となりました。従来の災害対策の不備が明白になり、災害対策基本法と原子炉等規制法の特別法として、原子力災害対策特別措置法が制定されました。初期動作の迅速化、国および地方公共団体の連携強化、国の体制強化や原子力事業者の責務の明確化が図られました。国の計画に基づき、地方公共団体、事業者等が共同して防災訓練を実施すると規定し、原子力安全委員会の策定する防災指針は、原発等の大規模施設に加え、燃料の加工事業所等をも対象とすることとなりました。

しかし、この防災指針は、１９８６年に旧ソビエト連邦で発生したチェルノブイリ原発事故の結果を反映するものではありませんでした。8～10㎞圏のＥＰＺは、あえて技術的に起こりえない事態をも仮定し、十分な余裕を持って距離を定め、この範囲の外側では屋内退避や避難等の防護措置は必要がないことを確認したうえで定めたと説明されていました。日本では、チェルノブイリ事故のような30㎞圏内の住民避難を伴う過酷事故は発生しないと考えられていたのです。２００８年に、国主催により福島県で実施された原子力総合防災訓練は、発電所を中心に半径２㎞以内の全方位を避難区域とし、発電所を中心に風下3方位５㎞を屋内退避区域とするものでしかありませんでした。過酷事故を想定した防災対策がとられていなかったために、福島の事故では被害が大きくなりました。

2　「想定外の事故」による被害

3月11日20時50分、国からの指示がないまま、福島県知事により福島第一原発２㎞圏内の住民に避難指示が出され、その後、特措法に基づき、原子力災害対策本部長（首相）から、21時23分に３㎞圏内、12日5時44分に10㎞圏内、7時45分に福島第二原発３㎞圏内、18時25分に第一原発20㎞圏内の住民に対して避難指示が出されました。11日21時23分に第一原発10㎞圏内、12日7時45分に第二原発10㎞圏内、15日11時に、第一原発20㎞から30㎞圏内が屋内退避区域とされました。この範囲外で放射線量が高かった飯舘村等については、4月22日に計画的避難区域と指定されるなど、混乱が続きました。たとえば、浪江町の住民は、町内の遠隔地に一度避難しましたが、15日にはそこも危険と知らされ、二本松市に再度避難をすることになりました。避難経路は、大量の放射性物質が飛散した北西方向でした。事故後の放射性物質の飛散に関する情報がなく、適切に避難することができなかったのです。

医療機関の入院患者、福祉施設の入所者、自宅等における重症患者、重度障害者等の避難は困難を極め、60人以上の人々の命が奪われました。原子力安全委員会は、原子力災害時の初期被ばく医療機関は原子力施設近隣であることが望ましいとしていました。初期被ばく医療機関の指定を受け、事故時の患者受入れの防災訓練を行ってきた原発周辺の6病院のうち4病院は、事故後、すべての入院患者を短時間で避難させなければならなくなりました。患者の受入れを想定していた病院にとっては予期せぬ事態となり、多くの患者が過酷な避難を余儀なくされました。

福島の豊かな自然を生かし営まれてきた農業、林業、漁業そして観光業等は、大きな痛手を受けました。今なお、その被害は続いています。林業や漁業については、復興への道筋が見えません。

東電は、第一原発の廃炉を決定し、第二原発についても廃炉の方針を表明しましたが、廃炉には30年から40年を要するとしています。廃炉技術の開発はこれからです。これまでの廃炉作業では、被ばく線量が労働安全衛生法の法定上限を超え、現場で働けなくなった作業員が相次ぎ、作業員の健康への影響が危惧されます。今後の廃炉作業の担い手不足も懸念されているのです。

3　事故後の対応

(1)　事故後の原子力安全規制

２０１２年6月、電気事業法の規制を原子炉等規制法に一元化する法改正が行われ、9月、安全規制を一元的に担う原子力規制委員会が、環境省の外局として設置されました。10月、同委員会は、大規模複合災害にも対処する原子力災害対策指針を決定しました。広域避難への備えとして、概ね30㎞圏内の緊急時防護措置を準備する区域も決められました。しかし、自力避難困難者への対応や、実効的な防災訓練の実施等については、多くの課題が残されています。

事故前の規制基準の問題点として、大規模な自然災害への対策が不十分であること、新基準を策定しても、既設の施設に遡って適用する法律上の仕組み（いわゆるバックフィット制度）がなかったことなどが挙げられていました。２０１３年７月に原子力規制委員会が策定した新規制基準は、これらの問題点を解決し、過酷事故やテロ対策にも対処するものと説明されています。しかし、大規模自然災害への対策の実施はこれからです。テロ攻撃に対する対処もこれからです。弾道ミサイルなどによる武力攻撃等を想定した対策は、新規制基準によっても求められていません。「テロ攻撃や武力攻撃から国民を守る責任がある」として国民保護法や安全保障関連法等を制定してきた政府は、その責任を果たしているといえるでしょうか。

⑵　放射性廃棄物の処分

放射性廃棄物の処理については、見通しが立っていませんでした。事故前、すべての環境法令は、放射性物質を対象外としていたため、環境省は、法的根拠がないまま、事故で発生した大量の廃棄物を処理しなければなりませんでした。当面の対応として、２０１１年８月、福島の事故に関して放射性物質汚染対処特措法が制定されました。放射能濃度が８０００Bq／kg以上の指定廃棄物は国が処分し、10万Bq／kg以上の放射性廃棄物は、中間貯蔵施設に保管されることになりました。２０１４年９月、福島県知事は、「苦渋の決断」として中間貯蔵施設の県内受入れを決断しました。11月、中間貯蔵施設に保管される廃棄物は、30年以内に福島県外で最終処分されることも法定されました。第一原発の立地する双葉町と大熊町では、中間貯蔵施設の建設が進み、廃棄物の搬入が行われています。しかしながら、まだ最終処分場は決まっていません。

原発の通常運転により生ずる使用済核燃料の処分についても、先行きは不透明です。使用済核燃料を再処理し、再利用する核燃料サイクル政策は、資源の有効活用と、放射性廃棄物の減量に資するとして、国が推進してきました。しかしながら、青森県六ヶ所村の再処理工場は完成が遅れています。また、核燃料サイクルの要とされ、再処理燃料を利用し、使った燃料以上の燃料を生み出す夢の原子炉といわれた高速増殖炉もんじゅは、トラブルが続き、２０１８年３月に廃炉が決定されました。さらに、核燃料サイクルが機能したとしても発生する高レベル放射性廃棄物の最終処分場建設地の選定については、困難を極めています。原発が、「トイレなきマンション」といわれるゆえんです。

なお、福島第一原発が抱えている現在の最大の課題は、溜まり続ける大量の汚染水問題です。現段階では、安全な処分方法がなく、海洋投棄が検討されていますが、海の汚染を懸念する人々からは、強い非難の声が上がっています。

(3) 第5次エネルギー基本計画

２０１８年7月、第5次エネルギー基本計画が閣議決定されました。原発を、従前通りベースロード電源と位置づけ、２０３０年時点で、原発は20％～22％を、再生可能エネルギーは全電源の22％～24％を賄うものとされています。事故前の原発の電源構成比率が30％であったこと、福島の事故を受け、ドイツ、台湾、韓国、スイスが脱原発に舵を切ったことを考えると、日本政府には、事故を反省し原発計画を転換しようという意思はなさそうです。

なぜ、原発依存から脱却できないのでしょうか。基本計画では、第一に、エネルギーの自給率アップ、第二に、電力コストの低減、第三に、温室効果ガスの排出削減が、その理由として挙げられています。原発は、「準国産エネルギー」と位置づけられ、再エネとともに、自給率アップという要請から不可欠とされています。また、原発依存度の低下と再エネ導入の促進により、電力コストが上昇しているということも、原発回帰の理由として挙げられています。さらに、運転時に温室効果ガスを排出しない原発は、地球温暖化問題の切り札とされてきました。２０１９年4月に日本経済団体連合会が公表した提言「日本を支える電力システムを再構築する」は、安全性（Safety）の確保を大前提に、安定供給（Energy security）、経済効率性（Economic efficiency）、環境性（Environment）のバランス（S＋３E）を最大限追求する必要から、既設原発の再稼働やリプレース、原発の新増設を謳い、原子力の継続的活用が求めています。

加えて、日本の安全保障上、潜在的な核兵器保有能力を保持するために原発を維持することが必要であるとの認識が、保守派の政治家からたびたび示されてきました。原爆による被害を経験した日本において、使用してはならない核兵器の製造を理由に原発技術を維持するという主張が許されるでしょうか。

4 原発訴訟

原発による人権侵害を懸念し、裁判により原発を止めようとする動きは、事故前からありました。主に、人格権や環境権に基づき、原発の設置許可を行った国を相手に、許可の取消を求める行政訴訟と、電力会社を相手に、原発の建設・運転の差止めを求める民事訴訟という形で争われてきました。１９７３年8月に提訴された伊方原発訴訟をはじめ20件以上にのぼりますが、住民が勝訴したのは、もんじゅ名古屋高裁金沢支部２００３年1月21日判決と志賀原発金沢地裁２００６年3月24日判決のみです。

ただし、住民敗訴の伊方原発最高裁１９９２年10月29日判決にも、注目すべき点はあると指摘されています。災害が万が一にも起こらないようにするために安全審査が行われるとしたこと、裁判所による判断は、処分時ではなく、現在すなわち訴訟時の科学技術水準に照らして行われるとしたこと、行政庁の判断に不合理な点がないことの主張・立証を尽くさない場合には行政庁の判断に不合理な点があると推認されるとし、事実上の立証責任の転換が図られたこと。これらは、原発訴訟を遂行していく上で住民が活用できる有効な枠組みを提示するものとして評価されています。

事故後、新規制基準への適合性審査に合格した原発について、行政訴訟と民事訴訟を合わせ40件以上の運転差止訴訟が提起されています。大飯原発福井地裁２０１４年5月21日判決は、原発の稼動という経済活動の自由は憲法上の人格権よりも劣位におかれるとし、事故の具体的危険性が万が一でもあれば差止めは認められるとしました。高浜原発大津地裁２０１６年3月9日仮処分決定は、新規制基準は、大地震等にかんがみると原発の安全性を確保しえず合理性に欠けるとしました。伊方原発広島高裁２０１８年9月30日仮処分決定は、火山事象にかんがみると新規制基準に適合するとした原子力規制委員会の判断は不合理であるとしました。多くの判決・決定は住民の請求を退けましたが、差止めを認める判断もみられるようになりました。

また、福島の事故に起因する損害賠償請求訴訟が各地で提起されています。東電に加え国の責任も問う場合、国が適切な規制権限を行使しなかった違法性を主張することになります。千葉地裁２０１７年9月22日判決は、国の責任を否定しましたが、前橋地裁２０１７年3月17日判決、福島地裁２０１７年10月10日判決、東京地裁２０１８年2月7日判決等は、国の責任を肯定しました。津波対策に関する規制権限が国にあり、文部科学省に設置された地震調査委員会の２００２年の長期評価により敷地高さを超える津波は予見可能であり、回避義務があったとされ、回避可能性も認められました。

さらに、東電の元幹部3人に対する事故の刑事責任を問う裁判も展開されており、事故の責任追及が進むことが期待されています。

原発事故による人権被害が現実のものとなった今、裁判所の判断にも変化の兆しがみられるようになりました。

おわりに：憲法から原子力発電を考える

このように、国際社会では、原子力の「平和利用」は、核兵器の管理および不拡散に関する国際管理体制を侵さないという条件の下で認められてきました。日本では、「国民生活、経済・社会活動、国防等に必要な量のエネルギーを受容可能な価格で確保する」という「エネルギー安全保障」の観点から、原発政策が推進されてきました。しかしながら、燃料の濃縮ウランはアメリカやフランス等からの輸入に頼っており、使用済核燃料の再処理もフランスに依存しており、原子力が準国産エネルギーというには程遠い現実があります。福島の事故による損害賠償、廃炉等に係る費用は、２０１６年の経済産業省の試算でも21兆円を超えるとされています。原子力は決して安価なエネルギーとはいえません。

福島の事故は、災害多発国である日本で原発を行うことが多大な人権侵害を引き起こすことを私たちに示しました。放射能汚染により、余儀なくされた避難により、原発での作業や事故後の除染作業により、憲法第13条で保障される生命に対する権利が、第25条で保障される生存権が、第13条および第25条で保障される環境権が侵害されました。第22条で保障される居住、移転、職業選択の自由が、第29条で保障される財産権が、第22条および第29条で保障される営業の自由が奪われました。憲法第26条で保障される子どもたちの教育を受ける権利も奪われました。

裁判では、生命や生存を基礎とする人格権や包括的生活利益としての平穏生活権といった保護法益が語られ、規制基準の不合理性や規制基準への適合性判断の不合理性が問題とされるようになりました。再稼働すると否とに関わらず、当面は存在する50基以上の原発と共存せざるを得ない日本では、まず安全規制の実施が強く要請されます。しかしながら、さらに一歩進め、人権を脅かす原発には頼らない社会を構築していかなければなりません。憲法研究者からは、原発の存在自体が憲法違反であるとする論理も展開されるようになりました。原発は、生命を脅かし、平和のうちに生存する権利を侵害すると指摘されています。

福島の事故を経験した私たちは、今、原発違憲論の精緻な論理を組み立て、脱原発の途への転換点に立っているのではないでしょうか。

Ⅳ　改憲論に抗して

第Ⅳ部【改憲論に抗して】は、第16章・杉原泰雄「日本国憲法の70年——『立憲主義』体制を軽視してやまない『強権政治』の進行」と第17章・吉田善明「憲法改正の発議と国民投票」の2章で構成されます。ここでは、日本国憲法が目指した本来の立憲主義、平和主義の精神を明らかにすると同時に、憲法改正に必要な手続である国民投票にも目を向け、現在の日本の立憲主義と昨今の改憲の流れが抱える問題点を指摘します。

これらの検討・指摘を通して、現在の自民党が推進する改憲の流れとその論理の危険性をあぶりだします。

（中村安菜）

日本国憲法の70年——「立憲主義」体制を軽視してやまない「強権政治」の進行

一橋大学名誉教授
杉原泰雄

1　はじめに

(1)　近代以降の政治の特色——「立憲主義」体制の導入とその軽視・無視との闘い

政治と社会の根本的な在り方を国の最高法規としての憲法に定め、その憲法に従ってすべての国家統治権（以後、たんに統治権、国家権力ともいう）を行使することを求め、その憲法に反する統治権の行使を違憲無効とする体制を「立憲主義」の体制といいます。近代以降においては、原則としてすべての国がその体制をとり、統治権の濫用の阻止と国民生活の安定をはかろうとしています。近代以降の日本も、その例外ではありません。

しかし、その「立憲主義」の体制は、どこの国でも、その導入後もなお権力担当者によって軽視・無視されがちでした。日本国憲法下の憲法政治もその例外ではありませんでした。とくにその「平和国家」、「社会国家・文化国家」と「地方自治を含む民主主義」にかんする諸問題においては、「立憲主義」体制の不在を思わせるほどにまでその軽視・無視が際立っています。日本国憲法下の政治は、憲法自体における立憲主義尊重の入念な表明にもかかわらず、その「立憲主義」自体の概念についての的確な理解を欠き、また大日本帝国憲法（以後、明治憲法という）と日本国憲法との間における諸原理・諸基本用語の概念の相違についても同様です。

以下においては、広く憲法適合的な統治権の行使を求める体制を「立憲主義」といいますが、そのうちに含まれている憲法の基本用語の反憲法的な概念の使用については違憲の用語法・違憲の概念ということもあります。

(2)「立憲主義」の概念の憲法的相対性の問題

「立憲主義」の体制は、国の最高法規としての憲法により、統治権とその担当者をしばることを課題として近代とともに登場してきますが、その概念については、とくに注目すべきことがあります。それは、その概念がその憲法の基本原理と相対的であり、その意味で、質的に可変的なことです。憲法の規定・文言のいかんによって、権力担当者のしばり方が異なるのは当然のことですが、憲法の基本原理が異なると、同じ規定・文言が使用されていても、憲法によるしばり方が異なるということは忘れられがちです。

あとでふれることですが、たとえば日本の場合、明治憲法と「日本国憲法」の二つの経験をしています。明治憲法は「天皇主権」(それも神権天皇主権)を主権原理とし、「法律の留保」を伴う「臣民の権利」を保障していました。日本国憲法は、「国民主権」を主権原理とし、法律にも対抗できる不可侵の「人権」を保障しています。とくにこの二つの原理の相違により、日本国憲法下の統治権担当者(国家公務員・地方公務員のすべて)に対する憲法のしばり方自体が明治憲法下とは異質のものとなっています。その異質性は、日本国憲法自体が、とくにその前文の第1段と本文第10章でくり返し指摘しています。しかし、政治家を含む公務員も、そして主権者・国民もが、そのことを忘れているかのような憲法運用(憲法政治)の状況が続いています。日本国憲法下の憲法政治においては、「立憲主義」の語自体が「死語」であるかのような状況にありましたが、近時における、政治の場でのそのきわめて例外的な使用においても、明治憲法の「立憲主義」と日本国憲法のそれとの異質性にまで及ぶことは皆無のようでした。日本の近時の政治における「立憲主義」の軽視は、その理解の欠落をも思わせます。安倍首相が「立憲主義」の語を用いないことはよく知られていることですが、例外的にその語を用いたとき、同首相は、「(憲法は)国家権力をしばるものだという考え方はありますが、それはかつて絶対的権力をもっていた時代の主流の考え方」と説明しました。(2014年2月3日、衆議院予算委員会)。

いま、日本の憲法政治についてとくに気になることは、政治家もその他の公務員もそして主権者・国民もが日本国憲法の「立憲主義」体制を忘れているかのような状況の進行であり、その結果、憲法を軽視・無視する政治が横行する状況に陥っていることです。

憲法を軽視・無視する政治を「強権政治」と表現することが、近時日本の学界外でも一般化しているようです。ここでもこの表現を用いることにします。

2　日本国憲法の「立憲主義」体制

日本国憲法は、①国家統治権を主権者・国民の所有（権利）としかつすべての国民に不可侵の人権を保障したうえで、政治と社会の根本的な在り方を国の最高法規としての憲法に定め、すべての統治権をその憲法に従って行使することを求め、憲法に反する統治権の行使を違憲・無効として排除する、「立憲主義」の体制をとっています。②日本国憲法の「前文第1段」の第1文・第2文・第4文およびその本文「第十章　最高法規」の第97条・第98条1項・第99条は、日本国憲法の「立憲主義」の特色を以下のようにくり返して表明しています。明治憲法と異なる日本国憲法の「立憲主義」の概念と意義の理解を主権者・国民と権力担当者に求めているからです。

(1)　前文第1段の諸規定

憲法の「本文」（第1条以下）の前におかれている「前文」は、憲法の諸原理に焦点を合せて、その説明をするのが通例ですが、日本国憲法もそのような態度をとっています。日本国憲法の前文第1段の第1文、第2文、第4文で、日本国憲法の「立憲主義」につき以下のように明言しています。

「日本国民は〔諸国民との協和、自由のもたらす恵沢の確保、政府の行為による再度の戦争の惨禍の阻止、を決意して〕ここに主権が国民に存することを宣言し、この憲法を確定する。そもそも国政は、国民の厳粛な信託によるものであつて、その権威は国民に由来し、その権力は国民の代表者がこれを行使し、その福利は国民がこれを享受する。」この第1文では、最高性と独立性を特色とする「主権」（国家統治権のこと）が国民の権利（所有）となったことつまり明治憲法の天皇主権の体制から国民主権の体制に転換したことを宣言し、その主権者・国民の名において日本国憲法が制定されたことを明示しています。主権者・国民が制定した憲法を、すべての統治権担当者（すべての国政）が従わなければならない国の最高法規とするものです※。主権者・国民はその立憲主義体制の創始者にして監視者です。

※　国民の「主権」は、国家統治権（国家権力）自体ではなく、「国家意思の最高の決定権限（国家の最高機関権限）と説明する学説もあります。しかし、そう解すると、「国家統治権」（国民と国土を支配する権利）は、日本国憲法

下では、誰のものか不明になってしまいます。「国家法人説」は、明治憲法を含めた君主主権下においては、天皇（君主）によると統治権の所有を否定するものとして積極的意味をもちましたが、現在の日本国憲法下においては、「人民の、人民による、人民のための政治」を否定するためのものとして、すでに積極的役割を失っていることに注意して下さい。日本国憲法は、国民主権（人民主権）をとっています（主権者・国民の英訳はすべてpeopleになっています）。その日本国憲法の下で国家法人説をとれば、それは、「人民の、人民による、人民のための政治」を排除する反歴史的役割を果すことになります。

　日本国憲法前文第1段の第2文以下では、立法・行政・司法等の国政は、主権者・国民からそれらの担当・行使を託されたもので、その法的支配力（法的正当性）は憲法を通じて主権者・国民の授権に由来し、その権力は国会・内閣等国民の代表者が行使し、その国民代表担当の諸権力は国民の「福利」のために行使すべきもの（担当者の利益のためには行使できない権限）だとしています。そして、そのうえで、「われらはこれに反する一切の憲法、法令及び詔勅〔文章による天皇の意思表示のこと〕を排除する」と明示しています。なお、前文第1段の主権者・国民は、国家統治権の所有者にして、その行使にもかかわる者であり、「人民」と解されます。その英訳が、いずれもpeopleとされていることにも注目して下さい。また、前文第1段の第2文以下は、リンカーンにならって「人民の、人民による、人民のための政治」を求めるものと解する有力な見解もあります。なお、日本国憲法の主権者の表示を「人民とするか国民とするか」については、占領軍総司令部と日本政府との間で対立があったようです（この点については、簡単には、杉原泰雄編著『資料で読む日本国憲法（上）』（岩波書店、1994年）96－97頁を参照）。

(2)　憲法本文「第十章　最高法規」の諸規定

憲法本文の「第十章」では、前文第1段の趣旨を別の表現で明示しています。

　第97条は基本的人権の由来・特質について規定し、これらの権利を「現在及び将来の国民に対し、侵すことのできない永久の権利」と規定しています。本文第11条、第13条を再確認するものですが、日本国憲法の保障する「人権」が、法律でほぼ自由に制限できた明治憲法の「臣民の権利」とは異質のものであり、日本国憲法下の政治の主目的であることを確認しています。

　第98条1項は憲法の最高法規性を定め、また、第99条は公務員に対する憲法尊重擁護義務を定めています。平成天皇がその即位の際に「みなさんとともに憲法を守り」と述べたことは、日本国憲法下の公務担当者としては至極当然のことでした。

3　日本国憲法の「立憲主義」体制を軽視・無視する「強権政治」の要因

日本国憲法下のこれまでの憲法政治は、日本国憲法の明確で厳しい「立憲主義」の要求にもかかわらず、その要求を軽視・無視する「強権政治」の連続といえるほどのものでした。「第二章　戦争の放棄」の「平和主義」体制の下で、憲法の規定をそのままにしながら、外国軍隊の日本駐留、「個別的自衛権」さらには「集団的自衛権」も認められるとする「積極的平和主義」への解釈改憲的転換の強行は、「強権政治」の度合が強化されたことを示すものです。またすべての国民に「健康で文化的な」人間らしい生活の保障を求める「社会国家（福祉国家）・文化国家」の憲法理念・規定の下、それに反するような「新自由主義・反文化国家」的な憲法政治が、トランプ大統領や安倍政権の下で進行・強化されています。２０１８年１月に安倍首相が行った施政方針演説では、安全保障政策の根幹が「自らが行う努力であり」、「厳しさを増す安全保障環境の現実を直視し、……（略）……我が国防衛力を強化」すること、「我が国の外交・安全保障の基軸」が「これまでも、これからも日米同盟」であることが強調されました。民族の滅亡・財政破綻をもたらしかねない、憲法不在の軍拡政治の推進です。

このような、民族の存続をもおびやかす反憲法的・強権的政治の要因が問題になります。ここでは、とくに以下の諸点に注目すべきではないかと思っています。

(1)　「権力担当者の本性」の問題

権力担当者が権力の濫用に走りがちなことは人間の「本性」に根ざすものだということです。近代の前夜（身分制的封建体制の末期）に、「立憲主義」体制の創出に寄与した諸国の代表的な思想家たちは、一様にその旨を明言していました。その指摘は、近代以降においては、憲法的な「公理」（あらためて証明するまでもなく一般的に認められている真理・道理のこと）としての評価を受けているようです。

①　近代の「立憲主義」体制の創出に寄与した代表的な思想家たちの「公理」的指摘

(ⅰ)　モンテスキューは、１７４８年に公刊した『法の精神』において、「政治的自由は、権力が濫用されない時にだけ、制限的な国家にある。権力を担当する者がすべて権力を濫用しがちであるということは、永遠の経験の示すところである。彼らは限界を見出すところまでいってしまう……権力が濫用されないようにするためには、権力が権力を抑制するように事態を定めておかなければならない。憲法は、何人も法が義務づけていないことをするように強制されずまた法が許容していることをしないよう強制されないように定めることができる。」（第11編第4章）と指摘し、権力分立と立憲主義を提唱しました。

(ii) ルソーは、1755年の『人間不平等起源論』では、私有財産制が展開して貧富の差が社会に根をおろすようになると、富者について、「支配することの快楽を知ると間もなく、……隣人を制御し隷従させることしか考えなかった。ひとたび人肉の味を知るや他の一切の食糧を見捨て て、以後は人間をむさぼり食うことしか望まないあの飢えた狼」と同様だと（第2章）と指摘しました。そのような事態に対処するために、ルソーは、1762年の『社会契約論』では、「国家が1万人の市民からなっていると仮定しよう……国家の各構成員は……主権の1万分の1を分有しているのである」（第3篇第1章）と述べ、「人民の、人民による、人民のための政治」を徹底して求める「人民主権」の体制を提示しました。そして、当時のイギリスの白紙委任的非民主的代表制について、イギリス人が「自由なのは、議員を選挙する間だけのことで、議員が選ばれるや否やイギリス人は奴隷となり無に帰してしまう」（『社会契約論』第3篇第5章）と指摘し、その体制をイギリス人の「無知」の所産と糾弾しました。

(iii) フランス革命時に民衆運動の指導者であったJ・-F・ヴァルレも、以下のように述べていました。「われわれにとって明証された真理がある。人間は、本来傲慢に創られており、高位に就くと必然的に専制に向っていくということである。われわれは、今では、創設される諸機関を抑制拘束をすることが必要であり、そうしなければ諸機関はすべて圧制的になるということを感得している。諸機関の間で抑制均衡させせようと努めたりしないようにしよう。人民以外の抑制力はすべて誤りである。」（「社会状態における人間の権利の厳粛な宣言」、1793年）ここにも、ブルジョワジーの解放に限られない民衆をも含めた「すべての第三身分」の解放の構想がありました。

(iv) アメリカの独立宣言を起草し、のちにアメリカ合衆国の第3代大統領となったトマス・ジェファソンは、1798年に以下のような注目すべき指摘をしていました。「信頼は、どこでも専制の親である。自由な政府は、信頼ではなく、猜疑にもとづいて建設される。われわれが権力を託さなければならない人々を制約的な憲法によって拘束するのは、信頼ではなく猜疑に由来する……権力の問題においては、それゆえ、人に対する信頼に耳を貸さず、憲法の鎖によって非行をおこなわないように拘束することである。」（「ケンタッキー州州議会決議」１７９８年）

どのような具体的内容の憲法を制定すべきかについては、上記の４人の間でも意見が分れています。しかし、前近代における権力の濫用を厳しく批判し、自由・人権・民主主義の政治を確保するためには、権力担当者を憲法の鎖によって拘束することが必要・不可欠だとする点においては一致しています。ここで紹介した偉大な思想家たちの権力濫用に対する諸指摘は、けっして忘れてはならない権力担当者についての「公理」であり、現在もなおその「公理」性を否定できない状況にあります。

アメリカとフランスで始まる近代立憲主義の体制は、「権力担当者に対する不信の念」を支柱としています。そしてその不信の念こそが、近代以降における「立憲主義」体制世界化の最大の要因でした。

②　日本国憲法下における「その公理」の作動

日本国憲法が、①で指摘しておいた「公理」（権力担当者の権力濫用の本性）の克服を意図していることは確かなことです。日本国憲法は、すでに見ておいたようにすべての公権力担当者に対して、多様な厳しい規定を設けたうえで、その憲法に従ってその担当「権限」を国民のために行使することを厳命し、憲法を尊重擁護する義務を課しています。しかし、その日本国憲法の下でも、憲法を軽視・無視する政治がその度合を強化しつつ進行しています。「立憲主義」体制導入の要因となった「公理」的指摘は、日本国憲法下でもなお「公理」性をもっています。「戦争の放棄」の放棄は、その代表的・典型的事例ですが、「不正無盡」（大塩平八郎の乱・１８４３年のスローガン）といいたくなるような憲法政治状況が日本国憲法下でも進行しています。次の２点にはとくに注目したいものです。

(i)　日本国憲法は、多様な方法で権力担当者の行動を監視・統制することを主権者・国民に求めています。たとえば、その第15条１項は、フランスやドイツなどと異なって「命令的委任の禁止」（議員等の公的な行動を拘束する選出母体からの指令の禁止）規定を設けずに、「公務員を選定し、及びこれを罷免することは、国民固有の権利である」と定めています。地方自治法は、地方公共団体の首長・議員その他の主要な公務員についてこの第15条１項の権利を具体的に保障する諸制度を設けています。しかし、国務大臣・国会議員をはじめとする主要な国家公務員については、いまなおその国民の罷免権を具体化する法律は原則として設けられていません。「もし国民が、自らの欲しない公務員がその地位にあるのに対して、一指もふれることができないとすれば、それは国民主権の本旨にそわないといわなければならない。この意味で、現行法の認めている公務員の国民による罷免制度は甚だ不十分であるというべきである。」（鵜飼信成『憲法』（１９５６年）１５４－１５５頁）。この指摘の正当性と不可欠性を否定することは、日本国憲法の「国民主権」・「国民代表制」を解釈論的に半否定するものというべきでしょう。日本国憲法のたとえば国民代表制については、有権者が国会議員の行動を制限する「命令的委任の禁止制度」は設けられていません。また、国会議員は憲法上「全国民の代表」とされていますが、それは全国民的・全国土的事項を担当するということであって、選挙区の有権者の注文（「命令的委任」）を否定するものでもないはずです。日本国憲法は、この点ではドイツやフランスの憲法とは異なっています。

(ii) また、日本国憲法の施行の直前に制定された「教育基本法」（旧法）は、その前文の冒頭で「われらは、さきに、日本国憲法を確定し、民主的で文化的な国家を建設して、世界の平和と人類の福祉に貢献しようとする決意を示した。この理想の実現は、根本において教育の力にまつべきものである。われらは、個人の尊厳を重んじ、真理と平和を希求する人間の育成を期するとともに、普遍的にしかも個性ゆたかな文化の創造をめざす教育を普及徹底しなければならない。ここに、日本国憲法の精神に則り、教育の目的を明示して、新しい日本の教育の基本を確立するため、この法律を制定する。」と明記していました。明治憲法から日本国憲法への転換は、その転換内容からすれば、現在における日本の市民革命ともいうべきものでしたが、国民の憲法意識の面では革命的な意識転換の実体を欠いていました（国民の憲法意識の転換に必要不可欠な憲法の学習・検討の時間と新憲法制定への参加手続の保障を欠いていました）。教育の力によって事後的に国民の憲法意識の転換の確保をはかり、日本国憲法を国民のものとすることは重大・不可欠なことでした。しかし、同基本法の運用においては、その教育の役割はいとも容易に軽視・忘却されてしまったようです。たとえば、文部省が１９４７年に義務教育の新制中学校の1年生用の教科書として発行した『あたらしい憲法のはなし』の短命性（2、3年間だけの教科書として使用）は、そのことを示す象徴的事例でした※。２００６年の現行教育基本法では、その前文から前記の規定自体が削除されてしまいましたが、これはあまりにも反立憲主義的な党派的対応でした（第1次安倍政権の段階）。

※　浅井清（元・慶應義塾大学法学部教授・憲法担当）の執筆によるものといわれる『あたらしい憲法のはなし』は、たとえば「憲法第9条」については以下のような説明をしていました。

「こんどの憲法では、日本の國が、けっして二度と戰争をしないように、二つのことをきめました。その一つは、兵隊も軍艦も飛行機も、およそ戰争をするためのものは、いっさいもたないということです。これからさき日本には、陸軍も海軍も空軍もないのです。これを戰力の放棄といいます。……日本は正しいことを、ほかの國よりさきに行ったのです。世の中に、正しいことぐらい強いものはありません。

もう一つは、よその國と争いごとがおこったとき、けっして戰争によって、相手をまかして、じぶんのいいぶんをとおそうとしないということをきめたのです。おだやかにそうだんをして、きまりをつけようというのです。なぜならば、いくさをしかけることは、けっきょく、じぶんの國をほろぼすようなはめになるからです。また、戰争とまでゆかずとも、國の力で、相手をおどすようなことは、いっさいしないことにきめたのです。これを戰争の放棄というのです。そうしてよその國となかよくして、世界中の國が、よい友だちになってくれるようにすれば、日本の國は、さかえてゆけるのです。

みなさん、あのおそろしい戰争が、二度とおこらないように、また戰争を二度とおこさないようにいたしましょう。」

この説明は、日本国憲法制定時における政府見解や憲法学界の支配的解釈をふまえる、憲法第9条についての正当な説明でした。しかし、その後の政府・与党は、ほぼ一貫して、とくにその後の国際状勢の変化とその党派的願望とをもふまえて、憲法第9条につき解釈改憲的動向を強化していきました。国の最高法規としての憲法につき、とくに軍事の基本問題につき強権的な運用を強化する政治の責任と危険は限りなく大きい。民族の運命を憲法外で強権的・恣意的に根底からおびやかすことになるからです。権力濫用の最たるものというほかはありません。

(iii)　日本国憲法下でも、立憲主義提起の「先人」たちが権力担当者について指摘していた「公理」は作動しています。しかし、それは、日本国憲法下では、**主権者・国民の力で阻止できるはずのものに転換している**ことに、注目したいものです。「自由な政治は、信頼ではなく、猜疑にもとづいて建設される」、「この理想の実現は、根本において教育の力にまつべきものである」が「公理作動の克服手段となっている」ことを再確認し、その具体化につとめることです。

とくに憲法学界は、憲法学の専門家集団として、立憲主義の問題を含む憲法の基本問題につき本格的な憲法科学的、憲法解釈論的、憲法政策論的な検討と論争を求められています。明治憲法下における「上杉・美濃部論争」は、国家統治権の権利主体としての国家の概念をめぐる論争（天皇主体説と国家法人説との論争）を核としていましたが、立憲主義・「デモクラシーとリベラリズム」にもかんする憲法研究者たちの総力をあげたものでした。また、宮沢俊義は、明治憲法下でイギリス・フランスとドイツとの間における憲法の基礎理論の相違について包括的な検討をめざし、美濃部をものりこえようとしているようでもありました。それらの検討・論争のいずれもが、よりすぐれた日本の憲法政治を求めてのことでした。明治末から大正の初めにかけての上杉・美濃部論争の場合には、学生たちが、その論争を国民の関心事とすべく、市販の雑誌『太陽』を論争の場としていたことおよびその論争を1冊にまとめて公刊していたことは、注目に値する検討と論争の方法でした（星島二郎編『最近憲法論』（1924年））。

また、憲法と憲法政治を主権者・国民のものとするためには、市民を対象とする憲法学習とそのための場所の整備が不可欠です。先ほど紹介した旧教育基本法（最初の教育基本法）は、その前文で日本国憲法をふまえた新しい教育の重要性を強調していました。

同法の第2条は、「教育の目的は、あらゆる機会に、あらゆる場所において実現されなければならない」ともしていました。国民が主権者となった日本国憲法下においては学校外における市民の憲法学習も不可欠となるはずです。市民が政治の基準となる憲法を身につけ、憲法によって政治を監視統制するようにしなければ、戦争も人権侵害も独裁も阻止できなくなってしまうからです。フランスの近代を創出したフランス革命期には、ジャコバン・クラブやコルドリェ・クラブなど市民に開かれたクラブが全国的に組織され、そこで憲法や憲法政治を学習・検討し、憲法政治を監視・統制する市民が育成されていたといわれています。市民の学習活動のなかで憲法を身につけた主権者が形成されていたのです。しかし、日本では、日本国憲法の制定への市民の積極的な参加が欠如していました。私は、旧制中学校4年生の段階で日本国憲法に出会いましたが、学校で国民主権や基本的人権について立ちいった説明を聞いたことがありませんでした。先生方も必要な憲法知識を欠いていたのです。それらの文言は明治憲法にはなく、禁句的な状況にあったようです。それだけに、日本国憲法制定後における市民の憲法学習の場の組織と整備がとくに重要な課題として残されていたはずです。憲法の重要問題にかんする世論調査で、「わからない」、「よくわからない」が最大の数値になりがちなところからもわかるように、その状況が「人民の、人民による、人民のための政治」を阻止し、かつ露骨な反憲法政治を可能としていることに注目したいものです。市民の多くは反憲法的な政治を進んで求めているわけではないでしょう。よくわからないままの黙認が、権力担当者を無責任な反憲法政治にむかわせているようです。「信頼は専制の親」です。市民の真しな憲法学習なしには、その阻止は不可能です。

(2) 日本における2種類の「立憲主義」体制の経験とその両体制の無差別的混同の問題

日本国憲法下の政治を反憲法的な強権政治に導く要因には、別のものもあります。それは、日本が近代以降に二つの異質の「立憲主義」体制である明治憲法と日本国憲法の2種類の「立憲主義」体制を経験し、しかも日本国憲法下の政治が二つの「立憲主義」体制の異質性を故意または過失により無視または混同していることです。

① 2種類の「立憲主義」体制の存在

身分制的封建体制を否定して近代化をした諸国は、原則としてすべて、「立憲主義」の体制をとっています。しかし、諸国の近代化のしかたは一様ではなく、「下からの近代化」（近代市民革命による近代化）をした国と、「上からの近代化」（近代市民革命によらない、旧特権身分の一部の指導による近代化）をした国とでは、ともに「立憲主義」の体制を導入しながらも、近代憲法の諸原理を大きく異にし、それ故に「立憲主義」の概念をも大きく異にしていました。

(i) アメリカやフランスのように不可侵の人権を認めて、人民主権や国民主権を憲法原理とした諸国民は、人民(people, peuple)・国民（nation）を統治権の権利主体（所有者）としていたので、その人民・国民に代って統治権の行使を担当する国会や大統領・内閣等は、憲法を通じて主権者から認められている権限だけを、人民・国民のために、憲法の定める方法（手続・条件）で行使すべきものと解されていました。授権規範・制限規範としての憲法による政治です。「近代立憲主義型の立憲主義」体制（以後、「A型の立憲主義」体制という）です。

(ii) 近代市民革命を経ずに「上からの近代化」をして、近代に君主主権を持ちこし、しかも不可侵の人権を認めなかった近代のドイツや明治憲法下の日本などにおいては、君主が国家統治権の権利主体（所有者）にしてしかもその行使者（明治憲法下の日本では統治権の「総攬者」つまり「一手に握って行使する者」）とされ、さらに国民に保障される基本権は不可侵の人権ではなく、法律等で容易に制限できるものとされていました。権力担当者は、憲法ではっきりと禁止・制限されている事項・方法だけはできない、と解されていました。「外見的立憲主義」の体制（以後、「B型の立憲主義」体制という）です。「外見的」とは「見せかけの」ということです。

② 日本における二つの「立憲主義」体制の経験と日本国憲法下における二つの立憲主義体制の無差別的混同

日本は、その近代以降、二つの立憲主義体制を経験しています。明治憲法下の体制と日本国憲法下の体制です。

(i) 明治憲法は「B型の立憲主義体制」をとっていました。天皇は国家統治権の所有者にしてその「総攬者」であり、しかも「臣民」(国民）には「不可侵にして政治目的としての人権の保障」はありませんでした。それ故、天皇としての政府は、憲法ではっきりと禁止制限されていない事項・方法はすべて行うことができる、というのが明治憲法下の憲法政治の基本姿勢でした。このような「B型立憲主義体制」の理解は、明治憲法の立憲主義をめぐる有名な論争にも参加し、「正統学派」の研究者として明治憲法体制の維持擁護につとめた上杉慎吉の説明からも明らかです。興味がある方は、『新稿憲法述義全』第八版、1928年の610－611頁をご覧ください。

しかし、日本国憲法は、国民（人民、people）を統治権の権利主体（所有者）とする国民主権（人民主権）を原理とし、しかも不可侵の人権の保障を政治の目的としています。それ故、国会や内閣などの統治権の担当者が「A型の立憲主義」体制の下にあり、憲法ではっきりと認められている権限だけを、憲法の定める方法で国民のために行使しなければならないことは、自明のことです。明治憲法下の美濃部達吉のように、立憲主義の強化を求めて、「国家法人説」(「天皇機関説」）に頼る必要もありません。

(ii) 日本国憲法下の憲法政治は、「二つの立憲主義」(A型とB型の立憲主義）体制の相違についての理解を欠き、日本国憲法下でも、明治憲法下と同様に「B型の立憲主義」体制がとられていると誤解しがちでした。とくに近時においては、その誤解が際立っています。主権者・国民は、明治憲法と異なる日本国憲法の原理と諸規定に注目し、A型の「立憲主義」体制を堅持して、強権政治の進行と再度の歴史的失敗を阻止しなければならない立場と状況にあります。

(ア)　明治憲法下の立憲主義体制について

憲法上以下のような明文の定めがありました。

上諭第2段の「国家統治ノ大権ハ朕カ之ヲ祖宗ニ承ケテ之ヲ子孫ニ伝フル所ナリ朕及朕カ子孫ハ将来此ノ憲法ノ条章ニ循ヒ之ヲ行フコトヲ愆ラサルヘシ」

本文「第一条　大日本帝国ハ万世一系ノ天皇之ヲ統治ス」

同「第四条　天皇ハ国ノ元首ニシテ統治権ヲ総攬シ此ノ憲法ノ条規ニ依リ之ヲ行フ」

また、明治憲法が保障する「臣民の権利・自由」は、すべて不可侵ノ人権ではなく、「法律の留保」を伴い（本来法律で制限できるものであり）、しかも戦時・国家事変の場合には、明治憲法第31条により、法律によらない制限（勅令による制限）も認められていました。

(イ)　日本国憲法の「立憲主義」体制について

すでに紹介しておいたように、日本国憲法の前文第1段と「第十章　最高法規」は、別の「立憲主義」（A型）の体制の導入をくり返し明示しています。

③　日本国憲法下における「B型」の憲法政治の進行

日本国憲法下の憲法政治は、軍事問題において突出していることですが、その問題に限定することなく、これまでほぼ一貫して日本国憲法の「A型の立憲主義」に反する憲法政治を続けてきました。

(i)　軍事問題については、日本国憲法制定時に、憲法問題担当の金森国務大臣は、警察力の名においても軍隊をもつことがないように、「運用の上におきましては誰が見ても警察権の範囲と認め得る程度に於て実施すべきもの」（1946年7月15日、第90回帝国議会・貴族院特別委）と述べていました。しかし、その後の憲法政治は、その説明と矛盾する憲法運用の連続でした。憲法上の授権規定もなしに、日本の指揮・監督下にない外国軍隊の日本駐留を認め、警察予備隊から保安隊・自衛隊へ、その自衛隊を世界有数の軍隊とし、しかも集団的自衛権の世界へ入りこむことをも現在は合憲としています。つまり、日本国憲法前文第2段も憲法「第二章　戦争の放棄」も存在しないかのような状況が創出されるにまで至っています。憲法制定時における幣原喜重郎国務大臣のあの歴史的説明※も、また自信と誇りにみちた『あたらしい憲法のはなし』における第9条についての解説も、存在しなかったかのような強権政治の進行です。

※「今日の時勢に尚国際関係を律する一つの原則として、或る範囲内の武力制裁を合理化、合法化せむとするが如きは、過去における幾多の失敗を繰返す所以でありまして、最早我が国の学ぶべきことではありませぬ。文明と戦争とは結局両立し得ないものであります。文明がすみやかに戦争を全滅しなければ、戦争が先ず文明を全滅することになるでありましょう。私は斯様な信念を持って此の憲法の起草の議に与ったのであります。」（1946年8月27日、貴族院本会議）

(ii) 日本国憲法の「立憲主義」から離脱する憲法政治は、軍事問題に限られていません。たとえば、日本国憲法は国会を「国の唯一の立法機関」（第41条）と明記して、法律の発案・審議・議決の諸権限を含む「立法権」を国会の権限としています。明治憲法と異なり、日本国憲法は「政府」に法律の発案権を認める規定を設けていません。しかし、現実には、ぼう大なスタッフと資料・資金をもって法律案を作成・提出・説明する役割を政府・与党が負い、明治憲法下と同様に法律案の提出を行うことが日常化していま す。つまり、政府が事実上立法権の担当者となり、「国の唯一の立法機関」と憲法で明示されている国会が、その内実を失いがちになっています。なんとも異様なことです。なぜなら、本来、内閣は法律の執行機関にすぎないからです。

もう一例だけ見ておきましょう。日本国憲法においては、内閣総理大臣は、アメリカ合衆国大統領と異なって、行政権の唯一の主体ではありません。日本国憲法では、行政権は合議体としての内閣に属し（憲法第65条）、首相は、国務大臣を任意に任免し、満場一致の閣議決定の方針にもとづいて行政各部の指揮監督権をもっているにすぎません。この点からすれば、憲法第7条3号による衆議院の解散権を「首相の専権事項」とする政治の場における説明は異様にすぎます。第7条は、「天皇は、内閣の助言と承認により、国民のために、左の国事に関する行為を行ふ」として、「三　衆議院を解散すること」と定めています。主権者国民の意思を問うべき重大問題の存在と「内閣の助言と承認」が不可欠の条件となっています。「60年安保条約」（現行の日米安保条約）締結の際、憲法第7条3号により主権者国民の意思を問うことを求めた「憲法問題研究会」の姿勢は、至極当然のことでした。

4　「立憲主義」体制を破壊するもう一つの要因――憲法の基本用語の悪用・誤用

日本国憲法下における「立憲主義」の軽視には「立憲主義」体制についての誤解だけでなく、ほかにも要因があります。とくに問題になるのは、「憲法用語の悪用・誤用」、とりわけ「憲法の基本用語の悪用・誤用」の問題です。

近代以降においては、憲法の規定は、原則としてすべて文言で表示されています。しかし、一つの意味しかもたない文言は、原則としてありません。したがって、憲法の運用においては、文言の組み合せからなる憲法規定の解釈が分れ、立憲主義が弱められがちにもなります。

日本国憲法下の政治でとくに目だつのは、憲法の基本用語の悪用・誤用です。憲法には、国家（国）、主権、戦争、戦力、国民主権、立法、行政、司法、財政、予算、地方自治、人権、自由、平等、財産、文化、公共の福祉、社会国家などのような、憲法の解釈運用に大きな影響力をもつ文言があります。「憲法の基本用語」ともいうべきものです。憲法自体は、原則としてこれら基本用語の概念を明示していません。これらの基本用語の大部分は、日本の近代化以降、とくに英米仏独等の外国語の訳語としてつくられたものです。これらの憲法用語の概念は、憲法の原理とともに変化するはずのものです。その故もあって、同じ基本用語が複数の概念をもっていること、憲法原理と相対的であること、に配慮して使用・利用することが不可欠です。たとえば天皇主権下の天皇と国民主権下の天皇では、その担当する権力の範囲が異なるのは当然のことです。また、臣民の権利としての自由と人権としての自由では、その保障が異なるのも同様です。憲法のすべての基本用語についてその区別をしないと、権力の濫用を阻止することができません。

憲法改正の発議と国民投票

明治大学名誉教授
吉田善明

1　憲法改正案の確定と国民投票法

日本国憲法の改正案が、政治の舞台に登場し、改憲、護憲論議が活発に展開しています。憲法の改正は、立法者たる議員の独占事項ではありません。日本国憲法では、「各議院の総議員の3分の2以上の賛成で、国会が発議し、国民に提案してその承認を経なければならない」とし、「この承認には、国民投票において、その過半数の賛成を必要とする」(第96条1項)と定めております。憲法改正権の最終決定権が国民にあることを明確にしております。国民主権(人民主権)の下にあっては、国民がそれぞれの判断で意思決定するのは当然です。日本国憲法の制定の際に、制定案確定後、2年ないし3年以内に国民投票(レファレンダム)の実施を検討されていましたが、実現をみずに終わっていました。

日本国憲法は，国の根本規範、最高規範としての特質をもち、憲法改正は、憲法典の制定と区別して、憲法典中にある条項の修正、削除、追加、増補を意味するものと解されています。したがって、憲法改正の内容においては、国民主権の原理を否定し、主権の所在に変動を及ぼすような基本的人権、平和主義の改正は一定の限界があること、また、憲法改正手続きにおいても安定性を確保することを意図したことから、一般的法律の成立手続きより厳格な手続きが採られています。２０１２年4月に発表した自民党の「日本国憲法改正草案」では、現・日本国憲法第96条1項に定める憲法改正の国会の発議要件を「総議員の3分の2」から「過半数」に緩和しようとしています。自民党の「日本国憲法改正草案」Q＆Aによると、「国民に提案される前の手続きを余りに厳格にするのは、国民が憲法について意思を表明する機会が狭められることになり、」「主権者である国民の意思を反映しないことになってしまう」と説明しています。これは先に述べた憲法の特質や改正手続の安定性の保障を無視し、立憲制の機能を形骸化する発言です。さらに、改正の手続きの厳格すぎる要件は、代表者が、国会の場で自由に論議して安定した数の支配を保障したものです。多くの諸国の憲法（フランス、イタリア、アメリカ、韓国等）にみることができます。そして、国会で憲法改正についての発議があれば必ず主権者の意思を表明する国民投票にかけられるのであって、この主張は当たらず、的外れの政治的発言と解せざるを得ません。

２００７年に、憲法改正条項の賛否を求める「日本国憲法の改正手続に関する法律」（以下、「国民投票法」と略す）が成立します。施行は２０１０年でした。国民投票法は、主権者である国民が憲法改正について、国会の発議に応える単なる手続法ではなく、衆・参両院の憲法審査会で論議した改憲の内容が日本国憲法に適合したものであるかどうかを踏まえて国民が承認するか否かの手続法です。したがって、国民投票法の制定が憲法改正と直結して論議されていたことから、国民投票法の制定を遅延されたと解されます。改憲派は、法律の制定がないのは「立法の不作為」であると強調し、護憲派は、改正論議において大切なことは、改憲内容を論議し、意見の集約を図ることであり、意見を拡散したままで改憲手続法の制定は急ぐべきではない、と主張していました。

たしかに、国民投票法の制定がなければ、いくら憲法改正を主張しても国民の承認を得ることができません。この間は、憲法改正が一度もなされませんでした。それが、２００７年に、衆・参の憲法調査会の報告書を契機に国民投票法が制定されたことは、憲法の改正問題が現実化してきたと解せざるを得ません。

国会に議員立法として提出される憲法改正案が、国会（衆・参）の本会議を経て、国会の常設機関として設置されている両院の衆・参憲法審査会に提出されます。そこでは、その憲法改正案の内容・限界をめぐる問題が論議され、原案が作成されます。その論議の過程が、主権者である個々の投票人の判断に大きな影響を与えることになります。

小稿では、まず、前半では、国会が発議することが予想される憲法改正案の内容の問題点を紹介し、また、後半では、主権者である投票人が積極的に応えるはずの手続法である国民投票法がどのような内容をもち、それが適切なものとなっているか、また、この法律がどのような問題を生み出しているかについて検討してみたいと思います。

2 衆・参両院に提出が予定されている憲法改正案と憲法審議会

(1) 改憲案の提出者と憲法審査会の構成

衆・参両院本会議に、議員提出案として予想されている改憲案は、改憲4項目です。改憲案の提出には衆議院では100人、参議院50人が要件となっています（国会法第68条の2）。内閣に改憲案の提出権があるか否かについては、議院内閣制の採用を理由として認められるとする見解がありますが、「内閣に法律案の発議権があっても、憲法改正の発議権はない」とするのが一般的見解です。今日のような立憲独裁（一強独裁政治）のもとで、内閣に改憲の発議権を認めれば、議会が軽視され、首相独裁、政権政党の改憲案づくりに利用されることになりかなません。

ところで、改憲案が、議員立法として国会に提出されると、衆・参両院議長は国会法の下で設けられている常設機関としての各院の憲法審査会に付託します（国会法第102条6）。憲法審査会は、日本国憲法及びそれに密接に関連する基本法制について広範囲かつ総合的に調査を行い、憲法改正原案、改正の発議、国民投票に関する法律案等を審査、提出する機関として重要な役割を果たす使命を担っています。その点で専ら調査を目的とした両院の憲法調査会とは役割を異にしています。

憲法審査会の委員構成は、衆議院では50人、参議院では、45人です。委員は、各会派の所属議員数の比率により配分されます。衆・参憲法審査会の議決は出席議員の過半数が可決の要件とされています（衆・憲審規第11条、参・憲審規第11条）。

衆、参両院の憲法審査会の委員の配分方法では、実ある慎重な合意形成の議論など不可能でないかとの批判に対し、衆議院憲法審査会の会長森英介は、「衆議院では3分の2の勢力を維持したとしても指標に過ぎない。国会が相当の熟度に達しないと、国民投票で過半数の賛成を得るのは難しい。数で押し切ろうとしても、国民の理解を得られない」とのべています。少数派（護憲派）を配慮した発言のように見えますが、憲法改正問題だけに各委員に対する寛容を求めるといったような発言だけでは解決されません。衆・参議院議院規則、衆・参憲法審査会規程を改正して各会派の委員比率を再検討するか（衆・憲審規第2、3条、参・憲審規第2、3条)、大胆に改憲派委員と護憲派委員を峻別して、改憲という重要な議題については自由な討議の場とすべきでないかと思います。また、各委員の発言を完全に政党の党議拘束から外すことも考えられます。衆・参両院とも運営については、自主的に検討し、解決できる問題です。多数派の寛大な措置に期待するだけでは解決しません。先に存在した憲法調査に主眼を置いた両院の憲法調査会とは異なり、憲法改正原案、改正の発議の役割を担う機関だからです。

また、衆・参両院の憲法審査会がそれぞれ同じ改憲案を独自の観点にたって、審議し原案作成をするのは、二院制の存在、性格から問題がありません。しかし、両院の衆・参の憲法審査会が意思の疎通なく改憲原案を審査するのは効率的ではないとして合同審査会を設置することができるとしています(国会法第102条8)。改憲原案を調整することができる場合は望ましいが、強引な調整・勧告権の行使はさけるべきです。国会法では、「憲法改正に関し、各議院の憲法審査会に勧告することができる」としています(第102条の8第2項)。しかし、改憲原案が衆・参両院のいずれかの憲法審査会で否決されることになれば、その改憲案は否決されたことになります。衆議院の参議院にたいする権限の優越性は認められていません(憲法第96条1項)。

(2) 国会・両院の憲法審査会に提出される改憲4項目の検討

国会に提出が予想される改憲案の内容は4項目ですが、2012年に発表された「自民党憲法改正草案」が下敷きになっていることは言うまでもありません。自民党改憲推進本部では自民党の委員に対し、この憲法改正草案に拘束されるものではないと主張していますが、改憲案の提案者が自民党員であり、改憲推進本部のメンバーで占めている限り自民党の改憲案に拘束されないといっても理解しかねます。本書において、各執筆担当者がそれぞれのテーマにおいて改憲案を検討する中で語ってくれるでしょう。

ここでは、現在、国民投票の対象となることが予想されている改憲案の内容に限定し、検討したいと思います。

① 自衛隊の保持の明記は、第9条2項の死文化

第9条(戦争の放棄)の改正問題は、自民党の創立以来改憲問題が起こるたびに賑わしてきた改憲の中心課題です。

第96条に明記された憲法改正は、憲法制定と異なり、憲

法の根本規範である国民主権、基本的人権、平和主義条項（戦力の不保持）を否定するような改正は原則として許されないと解されています。ところが、平和主義条項について、政府は、平和主義の立場を守りながら、第９条２項の「戦力の不保持」規定は国策としての戦争を指し、自衛のための軍備を保持しても、平和憲法の同一性は失われない。また、現在の国際情勢の下では軍事力の保持は、直ちに平和主義の否定に連ならないと主張しています。

これに対して、日本国憲法前文、第９条２項は、平和の目的を達成するため、その手段として非武装（戦力の不保持）を定めています。また、日本国憲法に定めている人権条項をみても「平和に生きる権利」を保障し、武力の保持に必然的に伴う徴兵制の規定、非常事態宣言、戒厳令といった規定も存在していません。もし、非武装規定を変えることになれば当然基本的人権の制限に波及することになります。とくに、第９条２項は、第２次世界大戦による被害体験、加害体験を切実に反映しています。この戦争の悲劇は、１９２８年の不戦条約（「戦争ノ抛棄ニ関スル条約」）で定める「国策手段としての戦争の放棄」（第１条）を超えて、第９条２項に戦力の不保持を定めたものです。この見解は、依然、平和主義者及び護憲派の多くによって支持されています。

現在、改憲論者には、大筋として二つの改憲案がみられます。A案は、自民党の改憲案です。第９条１項、戦争の放棄条項をそのままにして、第９条２項を改め、「前項の規定は、自衛権の発動を妨げるものではない。」との規定を置き、第９条の２を追加し、「我が国の平和と独立並びに国民の安全を確保するため、内閣総理大臣を最高指揮官とする国防軍を保持する。」と明記する案です。B案は、安倍首相の改憲案です。第９条１項、２項はそのままにして、第９条の２を加え、「前項の規定は、我が国を防衛するための必要限度の実力組織として自衛隊を設けることを妨げるものと解釈してはならない。」としています。

２０１４年７月に政府解釈で、集団的自衛権の行使容認、そのもとで安全保障関連法制（重要影響事態法、武力攻撃事態法の改正、自衛隊法の改正等）を成立させ、自衛隊の活動範囲、軍事力の拡大を進めています。そこにA案・B案の主張する自衛隊の保持を定めることになれば、集団的自衛権の行使容認を前提にしたうえでの自衛隊の保持と自衛隊の現状を容認することになります。たとえ、「自衛権の発動を妨げるものではない」、あるいは「必要最小限度の自衛力」といった文言を付加したとしても、現状を肯定する集団的自衛権を容認した自衛隊の承認である限り軍事力の増強、拡大の歯止めにはなりません。

とくに、B案のいう第9条2項に定める戦力の不保持規定を存置した上での自衛隊の設置の明記は、自衛隊を強化すればするほど、第9条2項の規定そのものを形骸化し、死文化させることになります。いずれにせよ、自衛隊の存在自体を含めた自衛力の保持、その限界を踏まえた改憲論議が起こることは必至です。

また、第9条の2で、「内閣の首長たる内閣総理大臣を自衛隊の最高の指揮監督者とする」と規定を加えています。立憲体制を形骸化させた内閣総理大臣の指揮は明治憲法下の統帥権の独立を匂わせることになります。

② 緊急事態条項の設置と立憲制の破壊

大規模災害などに備えるための措置として日本国憲法第64条の2、第73条の2を設ける改憲案です。２０１４年に発表した自民党の「日本国憲法改正草案」に見られる外部からの武力の攻撃、内乱等による社会秩序の混乱等の文言を削除して、大地震その他の大規模な自然災害のための緊急事態に限定したように見えます。しかし、よく条文を見ると、「大規模災害などに備える」（傍点筆者）などという文言があることから外部からの武力攻撃、内乱等にも適用されること必至です。

緊急事態条項は、その本質において立憲体制の運用を一次的に停止し、執行権に権力を集中し、権力の強化を図り、緊急事態の危機を乗り切ろうとする権限だけに、立憲制を重視する日本国憲法に馴染まないものです。憲法制定時には軍備を廃止したことから不必要なものとして緊急事態条項を否定したことが想起されるべきです。

③ 教育環境の整備条項は教育の国家管理ないし統制

憲法第26条1項（教育を受ける権利）、2項（教育を受けさせる権利、義務教育の無償）を維持し、第3項には、「教育を受ける機会を確保することを含め、教育環境の整備に努めなければならない」とする規定を加えています。近年、政府は教育基本法を改正して、伝統、文化と結びついた国家管理主義、愛国心・道徳教育の方向に踏み出しました。また、憲法第89条後段に規定されている「公の支配に属さない慈善、教育若しくは博愛の事業」の文言を「公の監督が及ばない慈善、教育若しくは博愛の事業……」に改めようとしています。これはすでに学説・判例によって「公の支配」を「公の監督」として目的的解釈をし、「慈善、教育若しくは博愛の事業」への公の財政支出利用などが行われています（私立学校振興助成法など）。教育環境の整備が教育を国家統制のための手段として利用されることでしょう。

④　参議院合区解消規定の設置と参議院の役割を変化

参議院の選挙区の実施方法については、憲法第47条（選挙に関する事務）を改正して、参議院議員を各都道府県から選出する方針を確認し、これに関連して、地方自治体の組織・運営を改正しようとするものです。全国民の代表である参議院制度の代表の性格と役割、衆議院を含めた二院制の存在に係る問題でもあります。このことについて、今、何も憲法改正をしなくても公選法を改正して全国一区比例代表制にすれば解消される問題であるという意見もあります。

以上、これらの改憲4項目の内容について私見を交えて紹介してきましたが、国民は国会の発議を受けて、国民投票法に従ってその是非を判断することになります。

3　国会発議と国民投票の実施手続の問題点

衆・参議両院の憲法審査会は、本会議によって提示されたこれらの改憲4項目を中心に検討し、その改正原案をまとめ、本会議に送付します。衆・参本会議では、改正原案を承認するかどうかを審議し議決します。両院とも総議員3分の2出席、3分の2の承認が必要です。したがって、改憲派勢力が両院において総議員の3分の2の議決数を上回れば承認されます（憲法第96条1項）。

国会（本会議）で、改憲案の承認を得ると、国会は、国民に向けて発議・提案を行います。改憲案に対する賛否は、国民投票法に基づいて行われます。主権者である国民が憲法の改正権者であることの証です。なお、国会による改憲案が発議・提案されると、60日以降１８０日以内に国民投票を行われなければならないとされています（国民投票法第2条）。

憲法改正に関する国民投票法は、国会の発議に応える単なる技術的手続きの法ではなく、最高法規としての憲法改正に応える民主的にして公正な手続法でなければならないと解されています。したがって、この観点から国民投票法をみていかなければなりません。改憲案の内容とその問題点を紹介したのはそのためです。

その国民投票法によると、まず、国民投票権の行使は18歳以上としています。日本国憲法の制定当時から生活の本拠にしている外国人の投票権はいまなお主権がない事を理由に排除されています。私は一定の期間在住する外国人にも日本国憲法・諸法律などの下で生活していることから投票権を認めるべきだと述べておきたいと思います（人権保障の観点から）。

国会に設置された国民投票広報協議会（以下「協議会」という）は、国民投票による憲法改正の賛否の決定に至るまで公正な事務を指揮し、宣伝など広報活動を担うことになります（国会法第１０２条の11）。協議会の広報事務は、(i)国会が発議した憲法改正案及びその要旨、参考にすべき事項、わかりやすい説明、発議するにあたって出された賛成、反対意見を掲載した国民投票公報の原稿の作成，(ii)投票記載所に掲示する憲法改正案要旨の作成、(iii)憲法改正案広報紙、広報広告に関する事務等を行う。ラジオ放送又はテレビ放送の放送設備により、また、新聞により広報活動を行う。何れも「客観的、かつ中立的に行われなければならない」としています（国民投票法第14条、第１０６条、第１０７条）。

これらを担う「協議会」の委員は、衆議院議員であったもの10名、参議院議員であったもの10名の計20名で構成されるとしています。広報委員は、各会派の所属議員数の比率によって配分されます。その場合には、「憲法改正の発議に係る議決において反対の表決を行った議員の所属する会派」からも「委員を割り当て選任するようできる限り配慮するものとする」（同法第12条）としています。「協議会」の活動、性格からみて小会派の配慮は当然ですが、上記広報事務の内容を見る限り改憲賛成派と反対派の委員の平等な配慮が必要であると考えています。

憲法改正（項目）の決定には、一人一票の投票用紙が用いられ、賛成○、反対○を標記する個別投票方式を採用しています。一枚の投票用紙に4項目を標記して個別に判断する投票方式です。一括方式で賛否を求めるとなると有権者の判断が鈍る可能性があると指摘されています。

また、憲法改正の承認には、国民投票の過半数の賛成が必要であるとしていますが、その過半数の意味が問われています。三つの意味が考えられています。

(i)投票権を有する「有権者の過半数」、(ii)国民投票に参加した者のうち「有効投票の過半数」、(iii)国民投票に参加した「投票総数の過半数」です。

一般的には、(iii)の白票を含めた「投票総数の過半数」の賛成を得た意味に解されています。憲法改正を否定したものでない限り「投票総数の過半数」の賛成に含めると解しています。これに対して、憲法の最高法規性、改正の重大性から見て、憲法改正案の価値判断を思うとき、(ii)国民投票に参加した「有効投票の過半数」の賛成と解すべきである、とするのが私の解釈です。

4　国民投票運動の自由とその規制

国民投票は、「表現の自由、学問の自由及び政治活動、その他日本国憲法の保障する国民の自由を不当に侵害しないように留保しなければならない。」（国民投票法第１００条）と定めています。国民投票運動の保障の理念としては正当です。すなわち、多くの投票権者を勧誘し、集団又は結社を行い、投票人に対して街頭で訴え、ポスターの作成なども自由でなければならないはずです。公選法で制限されている戸別訪問をはじめビラ貼り、戸別に配布されるチラシ、ミニコミ誌の配布なども自由でなければなりません。インターネットによる呼びかけも自由です。インターネットなどのソーシャル・ネットワーキング・サービス（ＳＮＳ）やメールを使って投票人に働きかけることも可能です。

国民投票運動は、主権者が憲法改正に関する価値判断を求める投票運動とすれば、公選法の下で行われる候補者の選出を意図する選挙運動と比べて、その運動の幅が広いのはむしろ当然です。したがって、国民投票運動の規制を加えることには慎重でなければなりません（やむを得ない最小限度の措置）。以下の(1)(2)(3)に絞って検討してみます。

(1)　公務員等及び教育者の地位利用よる規制

国、地方公共団体の公務員、行政執行法人、特定地方独立法人の役員若しくは職員などは、その地位にあるために、特に国民投票運動を効果的に行い得る影響力又は便益を利用して、国民投票運動をすることができないと定めています（国民投票法第１０３条1項）。違反者は行政罰の対象となります。しかし、勤務時間外に行う公務員（自治労、日教組など）の国民投票運動などは、保障されてしかるべきです。

また、教育者（学校教育法に規定する学校、就学前の子供に関する教育、保育等の総合的な提供の推進に関する法律の適用を受けるもの）は、児童、生徒及び学生に対する教育上の地位にあたるために、とくに、国民投票運動を効果的に行い得る影響力又は便益を利用して、国民投票運動をすることができない（同条2項）と定めています。教師が教室内で改憲案の是非に触れること、また、キャンパス内で平素の憲法論議が「地位利用罪」に該当するのではないかと思い、自粛し委縮することになりかねないことが危惧されます。

　また、特定公務員である①国民投票にかかわる中央選挙管理委員会の委員、それに従事する職員及び選挙管理会の委員及び職員、国民投票広報協議会事務局の職員など投票事務関係者の規制については国民投票の公正さを担保するためとしてやむを得ないにしても（国民投票法第１０３条）、②同じ特定公務員である裁判官、検察官、警察官等は、国民投票運動について原則として自由でなければならないと思います（国民投票法第１０２条）。

⑵　広告放送の自由と規制

　国民投票法では、何人も国民投票日に当たる14日前からラジオ・テレビを使用し、投票運動のための広告放送を行うことができません（第１０５条）。しかし、国民投票広報協議会及び政党等による放送、新聞広告については、両院議長が協議して憲法改正案の広告放送及び新聞・テレビの利用は可能としています（第１０６条、第１０７条）。

　２０１８年３月に入って、立憲民主党をはじめ野党側は、有料広告（ＣＭ）それ自体を制限すべきとした改正案が提示されました。理由は、有料広告（ＣＭ）は多額の費用が掛かるためと説明されています。たしかに、政党間の資金力の違いが国民投票の賛否に如実に影響及ぼすことになります。その資金力が豊富な改憲側が、テレビ・ラジオ等の情報媒体物に資金かけ、最大限利用することが考えられます。この利用に対して、国民投票は「憲法が金で買われてしまう」とする批判が出されるでしょう。

⑶　国民投票の費用と政党助成

　国民投票運動に係る費用の上限、使途などについては原則として自由です。しかし、国民投票に係る費用の制限を設けることを放置しておけば、その運動に多額の費用をかけ悪質な投票運動に発展しないとも限りません。それによって、投票人の憲法改正の価値判断をゆがめ、ひいては国民投票の公正さを歪めることになりかなません。

　また、現在、政党助成法の下、各政党に政治活動資金として、多額の資金が議員数に応じて各政党に交付され、また各政党への企業献金も認めています。これらの費用が国民投票につぎ込まれますと、資金力のめぐまれた政党（改憲）側は圧倒的に有利な展開となります。そうなれば、国民投票法の公正、中立性の展開は不可能です。早急の解決策を検討すべきです。現在行われている政党助成を禁止するのも一つの案です。

5　国民投票無効の訴訟

国民投票の効力に関し、異議ある投票人は、中央選挙管理会を被告として、投票結果の告示から起算して、30日以内に東京高等裁判所に提訴することができます（国民投票法第127条）。憲法改正という重要事項についての提訴機関としては短すぎるとする批判が、また、第一審の提訴を東京高等裁判所に限るのは問題であるとの批判があります。全国各地にある高等裁判所に管轄を拡大すべきです。しかも、その判断に不服な場合は、最高裁判所への上訴の道が開かれるべきです。本訴訟は選挙に関する訴訟と異なり国民投票に係る無効確認訴訟であることから時間をかけても問題がないと思います。その判決の結果、憲法改正案に係る国民投票の全部又は一部が無効となった場合には、さらに国民投票を行わなければなりません。期日の決定は国会の議決によるとしています（同法第135条）。

6　まとめ——適切さを欠く国民投票法、投票後の課題・

いままで主権者が憲法の改正案を判断するといった視点から国民投票法の手続・内容を検討してきましたが、憲法の改正の賛否を問う手続法の国民投票法としては、民主的な、公正さを欠くなど問題点が多く見直しが必要でことをまず訴えておきたいと思います。

「まとめに」あたり、国民投票法の検討を通してつぎのことをのべておきたいと思います。

第1に、国民投票法は、憲法改正の賛否を求める国民投票（レファレンダム）であり、その結果による拘束されます。単なる政府への勧告的意見と解してはなりません。国民投票において改憲賛成の結果が出れば、改憲の中心的課題となっている自衛隊の保持は、多くの研究者が指摘しているように、すでに政府解釈として容認している集団的自衛権の行使として自衛隊の保持と拡大、海外進出を承認することになります。研究者がいう集団的自衛権は自衛権とは性格を異にするといった見解が否定され、むしろ帝国化に向かう軍事大国の標識となる危険性が生じます。国の変革をもたらす道は平和国家の道ではないといえます。もし、投票人が国民投票において、自衛隊保持の憲法明記に対し、「否」との結論が出れば、自衛隊存在そのものが改めて問われるでしょう。安倍首相は、憲法改正案について、「国民投票で否の結果が出ても、自衛隊の現状は変わらない」と主張していましたが、それは当たらないと思います。与党（自民、公明）の政治的責任は問われ、総辞職をしなければならないのは勿論ですが、憲法が認めていない法律上の自衛隊の存在になるでしょう。そうなれば、護憲を標榜する論者は、自衛隊設置をめぐる憲法訴訟を起こすことが予想されます。改めて自衛権の限界、自衛隊の存在・現状、限界について問われでしょう（自衛隊関係法、安全保障関連法等）。

また、自衛隊の設置明記の否定は、日米安保条約の見直しを求められなければならなくなります。とくに、安保条約第3条（自衛力の維持発展）には、「武力攻撃に抵抗するそれぞれの能力を憲法上の規定に従うことを条件として維持発展させる」と規定しています。この条文に明記する「憲法上の規定に従うことを条件とする」文言は抹消されなければならなくなるでしょう。また、日米安保条約第6条の基地許与の規定も日本国憲法第9条との関係で検討せざるを得なくなります。我が国の防衛政策そのものが問われることになり、究極的には安保条約と日本国憲法の関係も問われことになるでしょう。

第2に、緊急権事項の導入に対する国民投票による承認は、一時的であれ立憲制の機能を停止することを容認することを可能にします。教育環境の整備条項の導入に対する国民投票の承認は、既に進行している愛国心教育、道徳教育の復活を踏まえて教育の整備努力を義務づけるものであり、それは教育の国家管理に連なるものとなります。また、参議院の合区解消規定の導入に対する国民投票の承認は、参議院制度の性格そのもの変え、二院制の在り方にも及ぶ問題でもあります。すでに検討してきたように、総じていえば、自民党の日本国憲法草案が求める改革の方向であると解されます。国民投票の承認は、そのための追認の役割を果たすことになるでしょう。

なお、自民党「日本国憲法草案」の内容と問題点については、本書に収録されている諸論稿がすべてを語っています。

【参考文献】

・井口周作＝浦田一郎＝只野雅人＝三輪隆『いま、なぜ憲法改正国民投票なのか』（蒼天社出版、2006年）
・隅野隆徳『欠陥「国民投票」はなぜ危ないのか』（アスキー新書、2010年）
・南部義典『Q&A解説　憲法改正国民投票』（現代人文社、2007年）
・吉田善明『平和と人権の砦　日本国憲法』（敬文堂、2015年）

【編者紹介】

杉原泰雄（すぎはら・やすお）　一橋大学名誉教授
吉田善明（よしだ・よしあき）　明治大学名誉教授
笹川紀勝（ささかわ・のりかつ）　国際基督教大学名誉教授

【執筆者】

只野正人　一橋大学教授
松田浩　成城大学教授
柏﨑敏義　東京理科大学教授
根森健　東亜大学大学院特任教授
稲正樹　国際基督教大学元教授
小林武　沖縄大学客員教授
内藤光博　専修大学教授
植野妙実子　中央大学名誉教授
芹沢斉　青山学院大学名誉教授
右崎正博　獨協大学名誉教授
中村安菜　日本女子体育大学准教授
清野幾久子　明治大学教授
成嶋隆　新潟大学名誉教授
藤野美都子　福島県立医科大学教授

日本国憲法の力

2019年6月25日　第1刷発行

編著者　杉原泰雄
吉田善明
笹川紀勝

発行者　株式会社　三省堂
代表者　北口克彦

印刷者　三省堂印刷株式会社

発行所　株式会社　三省堂
〒101-8371　東京都千代田区神田三崎町二丁目22番14号
電話　編集　(03)3230-9411
営業　(03)3230-9412
https://www.sanseido.co.jp/

〈日本国憲法の力・192pp.〉

ISBN978-4-385-32091-5